冰心的青少年时代

王炳根 著

河北出版传媒集团
河北人民出版社

图书在版编目（CIP）数据

冰心的青少年时代 / 王炳根著. — 石家庄：河北人民出版社，2012.8

ISBN 978-7-202-06204-3

Ⅰ.①冰… Ⅱ.①王… Ⅲ.①冰心（1900~1999）— 生平事迹 Ⅳ.① K825.6

中国版本图书馆CIP数据核字（2012）第052847号

丛 书 名	大师的青少年时代丛书
书　　名	**冰心的青少年时代**
著　　者	王炳根
责任编辑	王　轶　段　鲲
美术编辑	于艳红
责任校对	余尚敏
出版发行	河北出版传媒集团　河北人民出版社 （石家庄市友谊北大街330号）
印　　刷	河北新华第一印刷有限责任公司
开　　本	850×1168 毫米　1/32
印　　张	5.25
字　　数	108 000
版　　次	2012 年 8 月第 1 版　　2012 年 8 月第 1 次印刷
印　　数	1 5 000
书　　号	ISBN 978-7-202-06204-3 / I·871
定　　价	14.00 元

目录

冰心的青少年时代

一 三坊七巷中的女婴

公元1900年10月5日，清光绪二十六年，农历庚子年闰八月十二，一个女婴在福州乌山脚下的隆普营出生，按照家族的辈分排行，取名谢婉莹。

关于出生地，晚年冰心在回忆文章中写道：

> 我出生在福州城内的隆普营。这所祖父租来的房子里，住着我们的大家庭，院里有一个池子，那时福州常发大水，水大的时候，池子里的金鱼都游到我们的屋里来。[①]

福州是一座有两千多年历史的名城，城内有三山两塔[②]，隆普营便是在乌山之下，黑塔之旁。隆普称营而不称巷，那是因为这里曾是驻扎军队的地方，后成为民居，位置极其幽静。与隆普营一箭之地，便是当年福州的中心区域、著名的三坊七巷[③]。冰心出生时，福州府

①《我的故乡》，王炳根选编《冰心自述》，大象出版社2005年版，第7页。

②三山即于山、乌山与屏山，两塔即乌塔与白塔。

③三坊是：衣锦坊、文儒坊、光禄坊；七巷是：杨桥巷、郎官巷、安民巷、黄巷、塔巷、宫巷、吉庇巷。

◎福州三坊七巷中的冰心故居。

城由闽县与侯官县组成，隆普营属于侯官县。

三坊七巷可谓建筑典雅、人文荟萃，是一处既封闭又开放，既有达官贵人居住，又网布平民生活情调的建筑群。所谓封闭，指的是居住在这里的人，大都藏富掖财，坊、巷、府、家自成格局，将楼台亭阁、珠玉繁华藏掩于院门之内，往往是一角小门，关下了一方锦衣世界；但他们又大开大合地走出去，出坊越巷，走出福州，翻越武夷山，远涉太平洋，来到华夏各处，前往世界各地，从而成为高官巨贾、伟人壮士、文化名人。仅仅是冰心出生前后百年的时间内，先后从这里走出的影响中国甚至影响世界的人物便有：林则徐、沈葆桢、林纾、严复、郑孝胥、林长民、林觉民、胡也频、邓拓等几十位，在一个小小的地方，如此密集地涌现如此重量级的人物，极为罕见。在中国现代史上，他们几乎在滚动历史的车轮，为推动中国历史的进程提供思想与营养。试问，有从事社会变革不受《天演论》（严复译）影响者吗？有进行新文学写作而不受“林译小说”启迪者吗？

面对上述名单时，肯定有人提出质疑，他们属于福州？他们的声名并不都是发生在福州呀！这是不错的，也是问题的关键。福建简称为“闽”，这是一个能反映问题本质的象形字：在门内只能是一条虫，大虫，最多为蛇为蟒也，只有走出了那座门，蛇蟒才可成龙。福州可以称之为骄傲的、所有重量级的人物，均是走出福州之后才出现的，要在福州城内寻找本土养育出的大人物，几乎没有希望。

谢婉莹也走了出闽之路，并且赶早，早到竟是在七个月的襁褓里。

初夏，乌山下的大榕树又吐出新绿，飘忽的气根在夏日的阳光下，闪着幽光。四月南方的天气，时晴时雨，冷热不定。小婉莹装裹不薄，且披了一件大红的真丝滚边斗篷，偎在奶妈的怀里，坐着人力车，要到上海去与父亲团聚。

冰心的父亲谢葆璋，此时为甲午海战之后重建的北洋舰队海圻号巡洋舰副舰长。女儿出生时，父亲正驾驶着军舰在海上巡逻，七个月了，还不曾见女儿一面。海圻号巡洋舰属于北洋舰队，很少有机会停靠福州马尾港，上海却是经常的停泊地。为了与家人有团聚的机会，谢葆璋决定在昌寿里租房，接妻女与父亲来沪居住。

海圻号巡洋舰，当时是清朝海军吨位最大的军舰[1]。已有近二十年海军生涯的谢葆璋，犹有甲午海战失败的惨痛，如今更是不敢有丝毫的懈怠，总是以舰为家。海圻号的舰长则由北洋舰队帮统萨镇冰兼任。作为巡洋舰的副舰长，谢葆璋深知责任重大，同时也有对萨镇冰这位既是同乡又是长官、师长的情谊。1881年，十七岁的谢葆璋被父亲的老友严复看中，带至由直隶总督李鸿章在天津紫竹林创办的水师学堂。那时严复是学堂的学监，萨镇冰便是学堂的正教习（教官），作为福州的同乡，谢葆璋自然没有少受到他们的“关照”。晚年的冰心曾经回忆到父亲说过的一席话：“从福建乍一到北方，觉得天津真冷！我穿的是夹裤和很薄的棉袍，幸而那时还年轻。记得有一年的除夕，因为我在宿舍里看《三国演义》，让我的老师、总教习严又陵先生看见了，罚我在院子里站在一张桌子上，整整地站了一夜，手脚都冻麻木了，可是也一样地过去了。”[2]冰心很为父亲抱不平，心想，除夕应该算是假期，《三国演义》应该不算坏书，先生怎能如此罚他？

实际上，军人之间的情谊便是这样结下的，无论哪一个朝代的

①海圻号巡洋舰，英国Armstrong厂建造，1896年下水，1898年完工，并于1899年夏抵华。排水量4300吨，装备8寸主炮两门（舰首舰尾各有单联装主炮一门）、10门4.7寸炮、12门47mm炮、3门37mm炮。马力17000匹，航速24节。乘员军官45人，水兵431人。海圻号从回国到1937年自沉江阴时，都是中国最大的军舰，排水量在1949年前的中国海军史上仅次于定远号和重庆号。

②《紫竹林怎么样了？》，《冰心全集》第7卷，海峡文艺出版社1994年版，第270页。

军人，都必须有严明的铁的纪律。谢葆璋也因为得到如此严厉的“关照”，四年之后，以第一名的成绩结束课堂学习，转上威远号练习舰实习，萨镇冰从正教习转而成为威远舰舰长。谢葆璋在威远号上一定发生了一些故事，这些故事小婉莹也都断断续续地听过，以至于给她落下印象，父亲以威远号军舰上的枪炮二副参加甲午海战。其实不然，谢葆璋是以二副职衔驾驶着来远号巡洋舰，投入了那场惨烈的海战。

1887年初，清政府在德国订购的两艘军舰下水，将谢葆璋推向了七年后发生的黄海血战。那两艘军舰，一艘定名“经远”，另一艘为“来远”①。同时，在英国下水的也有两艘，一为“致远”，一为“靖远”。李鸿章决定不再由洋人送舰来华，拟派北洋水师官兵前往接收，用他奏折里的话说，既可免“雇募资遣之烦”，又可使接舰的官兵“复得沿途练习之益”。派往德国接收军舰的管驾官为邱宝仁与林永升，此后他们分别成为这两艘军舰的管带（舰长）。谢葆璋作为见习生参加了这次接舰的行动。派往英国的则是邓世昌与叶祖珪。那次接收军舰的行动，在晚清历史上可说是蔚为壮观的一幕，接舰官兵四百余人，在北洋水师提督丁汝昌的亲自率领下，乘坐招商局的轮船，浩浩荡荡地从天津出发，越太平洋，过大西洋，转过半个多地

①“经远”、“来远”属同级舰，长82.4米、宽11.99米，吃水5.11米，排水量2900吨，双轴推进，马力5000匹，航速15.5节（“来远”为15.3/4节），水线带装甲厚9.5~5.1寸，装甲板厚3寸（倾斜处）/1.5寸（平坦处），炮座装甲厚8寸，炮盾1.5寸，司令塔装甲厚6寸，全舰编制202~270人。管带为副将衔。

球，先到英国，继而抵德。那时，英德两国为了争取远东帝国丰厚的订单，投入了最先进的技术，设计与打造重量级的装甲巡洋舰（steel armoured cruisers）。接收军舰的大清帝国海军官兵，每到一地都受到热情的接待。当德国的“来远”与“经远”驶抵英国，与这里的“致远”与“靖远”会合时，在英国的朴茨茅斯港举行了隆重的接舰仪式。不过，在这个仪式上，却遇到了一件尴尬的事情：按照海军的传统，隆重的军舰交接仪式上，需要演奏国歌，但自大而闭关锁国的大清王朝根本没有国歌，主方只得临时演奏一首颇具中国情调的民歌《妈妈好糊涂》，代替了庄严的国歌。[①]这件尴尬事给年轻的海军军官谢葆璋留下难忘的印象，以至于多次在女儿面前愤愤地说：“那时堂堂一个中国，竟连一首国歌都没有！”

不过，接收的编组舰队回国还是浩浩荡荡，气势如虹。官兵都有一种自豪感，这么大这么漂亮的巡洋舰，由着自己驾驶，在10月的秋风里，穿越波涛汹涌的大西洋，过好望角，经印度洋，一路乘风破浪。直至一个晨风习习的早间，即1887年12月10日，顺利地抵达福建厦门港，水师提督丁汝昌率定远号等在晨风中迎接。因为严冬，北方封港，直至翌年的春上，这四艘巡洋舰才过台湾海峡驶往

①直至1896年，清朝政府派遣北洋大臣、直隶总督李鸿章作为外交特使赴西欧和俄罗斯作礼节性访问，欢迎仪式上，主方要演奏中国的国歌，李鸿章傻眼，国歌是什么？李鸿章把它理解为一首中国的歌曲，于是，临时找了一首适合清政府口味的七绝诗加以改编，配以古曲，临时作为国歌使用。歌词为：“金殿当头紫阁重，仙人掌上玉芙蓉，太平天子朝天日，五色云车驾六龙。”此曲后来改称《李中堂乐》，算是中国最早的一首国歌。

北方，4月25日抵天津大沽，正式加入北洋水师。

甲午海战爆发，先是6月日本海军联合舰队12艘军舰对北洋舰队不宣而战，偷袭了护送援兵赴朝的济远号、广乙号、操江号及运兵船高升号，之后是9月黄海大东沟的海战，当谢葆璋驾驶的来远号在错误的旗语指挥下，排在横队的中心位置迎敌时，已是十分被动了。海战一个多小时后，北洋水师只剩下“定远”、“镇远”、“靖远”与“来远”4艘战舰，他们同仇敌忾，与敌死战。当日舰以优势兵力包围上来，[①]来远号的官兵英勇还击。

受弹累百，船尾发火，烈焰飞腾，延及小弹子舱，枪弹四射，机舱为浓烟所蒙。各管轮受熏，头目俱眩。三管轮张斌元俯身舱底避烟，以调度办事，闻令钟响，强起，手扪左右针，捩机进退。帮带大副张哲溁、枪炮官谢葆璋，策励兵士救水火渐息，复得归队。

及见我队散而复整，且惧有雷艇暗袭，即向东南飞驶而去，华舰跟追十数里，时已向暮，日舰驶甚速，转瞬不见。于是收队，驶回旅顺。[②]

---

①包围的阵容为：“岩岛”、“桥立”、“千代田”、“扶桑”、“松岛”，都是大型舰只，紧紧包围“定远”与“镇远”，其他舰只包围“来远”与“靖远”。

②《甲午战事纪》，张佚、杨志本等编，《清末海军史料》，海洋出版社1982年版，第321~322页。

战斗结束后，来远号伤痕累累，当它驶入旅顺港时，中外人士目睹损伤如此严重的军舰，尚能平安返航，大为惊叹。同时，人员伤亡十分惨重，谢葆璋虽未受重伤，但他妻子的一位堂侄在海战中阵亡，炮弹打穿他的腹部，肠子炸出，飞溅到烟囱上，谢葆璋含泪将烧焦的肠子撕下，放回他的遗体内。

后来成了作家的谢婉莹，不知道多少次用文字、语言，满含血泪地讲述了这段悲壮的战事。而且一讲到父亲的甲午海战，就激动，就恸哭，甚至当众毫不掩饰地大哭，她说，她无法平静，毫不掩饰在她的血管里流着军人的血。

来远号没有在大东沟海战中葬身黄海，次年初，又加入威海卫保卫战：

> （2月5日）夜间，日军在南岸炮台掩护下，在南岸鹿角嘴炮台下偷偷地破拆水雷防材，然后派鱼雷艇进港偷袭，击沉北洋海军“定远”、“来远”（舰上官兵大部殉难，得救者仅为20余人）……[1]

甲午海战之后，清政府取消了北洋水师的编制，数以千计劫后余生的海军官兵被遣散回乡。在一个月夜里，谢葆璋回到了福州，当

---

①刘传标编，《近代中国海军大事编年》（上卷），海风出版社2008年版，第438页。

他敲响隆普营那扇大门时，妻子杨福慈为他开门，月光下看到丈夫的脸，“才有两个指头那么宽”。

此后的三年多时间，谢葆璋与妻子杨福慈才有了一段比较安定的生活。以前海上漂泊，总是“会少离多”，战败让他们夫妇终于可以厮守。但厮守也不平静，谢葆璋的心还系在海上：他那曾视之为生命但已沉没大海的舰船，他那情同手足如今已是大海冤魂的兄弟。表面的平静与温柔、内在的漂泊与刚烈的精神渴求，谢婉莹就是在这种情绪下，种下的一颗美丽的种子。也就在这时，清廷决定恢复北洋舰队，原靖远号管带叶祖珪出任统领，原康济号管带萨镇冰为帮统，同时兼任海圻号巡洋舰管带，他挑选的第一个副手，自然便是谢葆璋了。

因为管带为兼职，谢葆璋在日常的军事与管理事务中，便要履行舰长（管带）之职责，除了军舰停泊港口之外，几乎须臾不得离开。在昌寿里租房，接家人团聚，是军人谢葆璋，也是父亲、丈夫、儿子谢葆璋的两全选择。那一刻，谢葆璋将七个月大的女儿抱在怀里，犹如托着一棵稚嫩的幼芽……

二　上海停泊

童年于作家极其重要，能否成为一个作家，童年便已铸定，成为一个什么样的作家，也可以从他的童年生活中寻找。

◎父亲谢葆璋。

不用说，冰心有一个充满爱的童年。这种爱当然不是她自己能做主的，一切都掌控在父母长辈的手里。20世纪初叶，中国尚处于封建时代，一个普通的女孩子，能得到多少爱？但谢婉莹这棵幼芽，却得到了格外的呵护。

首先，自然得有爱的条件，谢葆璋作为中国最大的巡洋舰的副舰长，俸禄自然不低[1]，虽不能说锦衣美

①根据《北洋海军章程》（奕譞、李鸿章主持，1888年颁发）规定，北洋海军官弁的俸禄，分官俸与船俸，谢葆璋曾任的守备，官俸384两，船俸576两，合计960两白银。副舰长为帮带，正常情况应领游击俸禄，按章程，游击官俸为960两，船俸为1440两。（《清末海军史料》）。

食，却也是衣食无忧。尤其是谢葆璋已有了初步的民主思想，开明的家庭氛围使得这种爱具有现代文明的色彩。比如，封建社会对女性的爱，重要的一点是要塑造她的一双小脚，谓之“三寸金莲”，甚至是越小越好，小脚成了女人第二个美丽的性器官。谢家抛弃了这种封建陋习式的爱，放任女儿的脚与男孩儿的脚一样自由生长。设想，谢婉莹如果裹了小小的一双三寸金莲，会不会羞于、能不能走入现代作家的行列？

婉莹还有一个非常爱她的母亲。三岁的小婉莹，有一次忽然走到母亲的跟前，仰起小脸问：“妈妈，你到底为什么爱我？”母亲放下针线，用面颊抵住女儿的前额，温柔地、不迟疑地说：“不为什么——只因你是我的女儿！”这“不为什么”四个字，给幼小的婉莹极大的震撼：“从她口里说出来，何等刚决，何等无回旋！她爱我……不附带任何条件的，唯一的理由，就是我是她的女儿。”[①]

◎母亲杨福慈。

①《寄小读者》（通讯十），王炳根选编《冰心文选》（儿童文学卷），福建教育出版社2007年版，第157页。

冰心的母亲杨福慈出身书香门第，受过良好的家庭影响与教育。但她幼年不幸，十四岁父母双亡，由叔父杨颂岩抚养成人。在她九岁时，杨父与同为学官的谢葆璋之父谢銮恩在作诗论文时定下了他们的婚事。杨福慈十九岁进入谢家，开始全新的生活。那时，谢葆璋在来远号巡洋舰上服役，常年在大海上漂泊，虽然“离多会少”，但还是生下了两个孩子，却一一夭折，这对母亲是沉痛的打击。小婉莹是在这样一个时刻翩然而至，无论是男是女，怎能不成为掌上明珠？

同时，因为婉莹自小聪明、伶俐、聪慧过人，只不过三个月罢，偏又多病，听见端药杯的人的脚步声，惊怕啼哭时，竟会从围在前的众人中，以乞怜的眼光，不望别人，向着母亲，似乎已经从人群里认识了自己的母亲！七个月时，在福州至上海的轮船上，母亲抱着女儿站在阑旁，海波声中，婉莹竟会呼唤“妈妈”和“姊姊”。

婉莹一岁多便开始爱美，还爱照相。谢葆璋有一套照相的行头，似药箱般大的照相机，架起来得用黑布罩着，还有一大堆冲洗照片的器具——漏斗、盆儿、夹子、烤光板等，这些也成了小婉莹的最爱。清末，虽然照相技术已经传入中国，但家庭能有技术与设备照相的，凤毛麟角。冰心在叙述这件事时，平实得一点也不夸口，倒是以此显示她童年的调皮：儿时的婉莹，头发短又密，没有一刻的安静，左右两个小辫儿，总是梳不起来。没有法子，母亲便请父亲帮忙。“站好了，站好了，要照相了！”父亲拿着照相匣子，假作照着。又短又粗的两个小辫子，就这样在逗乐中将就编成。

其实，谢葆璋享受这种天伦之乐的时光并不多，他得驾驶着海圻号巡洋舰在大海上巡逻，一年之中没有几天在家。小婉莹便是天天盼着爹爹回来，母亲为了安慰她，有时夏夜坐在马车上，带她到黄浦滩上去兜风。父亲回到家来，便会呆在家里二门不出，一来陪伴妻子女儿，二来怕舰长派水兵来唤他。一次，有水兵来传父亲上舰，婉莹急了，拉住水兵的手，赶他走，水兵笑了："不行，不走要打屁股的！"婉莹听说打屁股，忙问："谁叫打？用什么打？"水兵说："军官叫打就打，用绳子打，打起来就是'一打'，'一打'就是十二下。"婉莹天真，仰着头看水兵："绳子打不疼吧？"水兵便用手比划着吓唬她："喝！你试试看，我们船上用的绳索粗着呢，浸透了水，打起来比棒子还疼呢！"婉莹急了："我父亲若不回去，萨统会打他吧？"水兵这才摇头笑了："不会的，当官的顶多也就记一个过。萨统很少打人，你父亲也不打人，打起来也只打'半打'，还叫用干索子。""那就不疼了吧？""那就好多了……"说话间，父亲已换好军服出来，婉莹只得眼巴巴地望着父亲出门去了。

小婉莹一次大病，竟能赢得母亲惊恐的怜爱。正是暑月，父亲又不在家。昏迷中的婉莹断断续续说着话，都不是三岁的孩子所能够说出的。女儿奇异的智慧，增加了母亲无名的恐怖。母亲打电报给父亲，说她身体和灵魂上都已不能再支持。忽然一阵大风雨，重病的幼女、疲乏的奶妈和深忧的母亲，全都沉沉地睡了一大觉。醒来时，像是那一番风雨，把女儿从死神的怀抱中抢回过来了，清新活泼，全无病意。

而最令母亲惶恐的还不是女儿生病，母亲最怕女儿愣神——有时呆坐一两个小时，定定地面壁或看着一个方向，不动，不说话，不哭不笑，令母亲心底发毛。这是一个什么样的孩子呢？生身母亲也不知晓！

三　海边的“野孩子”

1902年，谢葆璋接受了一项新任命，到山东烟台组建水兵练营，出任管带，次年又以练营管带的身份兼任刚刚创办的水师学堂的监督（校长）。于是，一家人便从大都市的上海，搬到了寒冷的北方——山东烟台。

◎山东烟台东山炮台，冰心儿时的“舞台”。

烟台是北方重要港口，三面环绕的大海，一下子便涌到小婉莹的面前，与她从此结下不解之缘。早慧的婉莹，变着花样儿上演着她无数的淘气与可爱。这时保护她、爱她的人，主角已悄悄发生变化，由先前的母亲，转移到父亲身上，所有的故事，便与父亲有关了。①

第一堂课就是父亲上的。那时谢葆璋忙于拟定筹建海军学校的方案，婉莹却时刻缠着他，问这问那，父亲只得停下笔，指着墙上那副对联“此地有崇山峻岭茂林修竹，是能读三坟五典八索九丘”，说：“你也学着认认字好不好？你看那对子上的山、竹、三、五、八、九这几个字不都很容易认吗？”于是，婉莹也像父亲一样，拿起一支笔，坐在父亲的桌旁，一边认字一边学写，很快竟也把对联上的二十二个字都会念会写了，但全然不知道是啥意思，直到晚年，冰心忆及此事，仍然说：“直到现在我还不知道这‘三坟五典八索九丘’究竟是哪几本古书。”

冰心六岁的时候才有了第一个弟弟，之前，是这个海军校长家庭的“独子”，常常跟在父亲的后面，出没兵营、军舰、炮台与水兵之间，而且父亲想让女儿也像一个小水兵，母亲专门缝制了一套小水兵服，婉莹穿着跟在父亲的后面，便显得更神气了。“因着母亲的病弱，和家里的冷清，使得我整天跟在父亲的身边，参加了他的种种工作与活动，得到了连一般男子都得不到的经验。为一切方便起见，我

①冰心在烟台期间，母亲多病，所以她总是像影子似的跟随着父亲。她曾在《我的童年》中说：“那七八年山陬海隅的生活，我多半是父亲的孩子，而少半是母亲的女儿！”

总是男装，常着军服。父母叫我‘阿哥’，弟弟们称呼我‘哥哥’，弄得后来我自己也忘其所以了。”冰心说，完全是童年的环境把她惯成了一个“野孩子”。父亲办公的时候，她也不回家，喜爱孩子或讨好上司的下属，便会将其带走，“游踪所及，是旗台，炮台，海军码头，火药库，龙王庙。我的谈伴是修理枪炮的工人，看守火药库的残废兵士，水手，军官，他们多半是山东人，和蔼而质朴，他们告诉我许多海上新奇悲壮的故事。有时也遇见农夫和渔人，谈些山中海上的家常。那时除了我的母亲和父亲同事的太太们外，几乎轻易见不到一个女性。”①

于是，她跟着父亲学打枪，砰砰的枪声亦如过年的鞭炮，让她觉得甚是热闹和好玩。

于是，她跟父亲学骑马，海军学校有两匹用来送信送文件的马——老白马与小黄马。老白马温顺，小黄马调皮，但都和她结下了友谊。不过，每回与父亲一同骑马，小婉莹总是骑着老白马，父亲则骑在小黄马上，女儿在前，父亲断后。冰心曾记述过一个骑马的惊险故事：“有一次，我们骑马穿过金钩寨，走在寨里的小街上时，忽然从一家门里蹒跚地走出一个刚会走路的小娃娃，他一直闯到白马的肚子底下，跟在后面的父亲，吓得赶忙跳下马来拖他。不料我座下的那匹白马却从从容容地横着走向一边，给孩子让出路来。当父亲把这孩子抱起交给他的惊惶追出的母亲时，大家都松了一口气，父亲还过来

①《我的童年》（一），《冰心自述》，第18页。

抱着白马的长脸，轻轻地拍了几下。”[①]后来，白马老死，婉莹为它哭了好几场。

于是，她跟着父亲到海上去划船，到军舰上去看父亲的朋友。有时，当着水兵的面父亲还会夸上两句眼前的小水兵，受到夸奖的婉莹更是得意，有时还会坐在水兵的中间，给他们开讲《三国演义》，“董太师大闹凤仪亭”，罗贯中对肥胖的董卓追杀英俊吕布绘声绘色的描写，在七岁的小婉莹嘴里，变得更加有趣，逗得水兵哈哈大笑。

于是，更多的时间是与父亲到海边散步，看潮起潮落，看沙滩上一片片的浪花，看远处芝罘岛的灯塔，看满天的繁星，看月亮从海上升起。

于是，海军的营房、水兵的旗台、架着克虏伯大炮的炮台、军舰进出的码头，还有那周围的海边山坡，都成了小婉莹活动的舞台。

我童年活动的舞台上，从不更换布景。我是这个阔大舞台上的“独脚”，有时在徘徊独白，有时在抱膝沉思。我张着惊奇探讨的眼睛，注视着一切。在清晨，我看见金盆似的朝日，从深黑色、浅灰色、鱼肚白色的云层里，忽然涌了上来；这时，太空轰鸣，浓金泼满了海面，染透了诸天。渐渐地，声音平静下去了，天边漾出一缕淡淡的白烟，看见桅顶了，看见船身了，又是哪里的海客，来拜访我们北山下小小的城市了。在黄昏，我看见银盘

①《童年杂忆》，《冰心自述》，第37页。

似的月亮，颤巍巍地捧出了水平，海面变成一道道一层层的，由浓墨而银灰，渐渐地漾成闪烁光明的一片。淡墨色的渔帆，一翅连着一翅，慢慢地移了过去，船尾上闪着橘红色的灯光。……这时我的心就狂跳起来了，我的嘴里模拟着悍勇的呼号，两手紧握得出了热汗，身子紧张得从沙滩上站了起来……风晨，月夕，雪地，星空，像万花筒一般，瞬息千变；和这些景色相配合的我的幻想活动，也像一出出不同的戏剧，日夜不停地在上演着。但是每一出戏都是在同一的，以高山大海为背景的舞台上演出的。这个舞台，绝顶静寂，无边辽阔，我既是演员，又是剧作者。我虽然单身独自，我却感到无限的欢畅与自由。[①]

这是晚清封建社会一个女孩子的童年吗？自由、奔放、无羁无束、无忧无虑、独往独来，既充满幻想又脚踏实地，纵然是21世纪的现代社会，一般女孩子的童年也无法比拟！

只是有一回，父亲拉着女儿坐在沙滩上，面对烟台美丽的港湾，像面对大人一样说起了沉重的话来：

“中国北方海岸好看的港湾多的是，何止一个烟台？你没有去过就是了。”“比如威海卫，大连湾，青岛，都是很好很美的……”

当女儿提出请父亲带她去看一看的时候，这位海军校长捡起一块卵石，狠狠地向海浪上扔去，仿佛要将一腔仇恨扔将出去：

---

①《海恋》，《冰心全集》第6卷，海峡文艺出版社1994年版，第124~125页。

“现在我不愿意去！你知道，那些港口现在都不是我们中国人的，威海卫是英国人的，大连是日本人的，青岛是德国人的，只有，只有烟台是我们的，我们中国人自己的一个不冻港！”“为什么我们把海军学校建设在这海边偏僻的山窝里？我们是被挤到这里来的呵。这里僻静，海滩好，学生们可以练习游泳，划船，打靶，等等。将来我们要夺回威海，大连，青岛，非有强大的海军不可。现在大家争的是海上霸权呵！”

父亲第一次在女儿面前讲起了甲午海战，讲起战败的伤痛，“这些事，都像今天的事情一样，永远挂在我的眼前，这仇不报是不行的！我们受着外来强敌的欺凌，死的人，赔的款，割的地还少吗？”“我们中国多么可怜呵，不振兴起来，就会被人家瓜分了去。可是我们现在难关多得很，上头腐败……”[①]

父亲从未这样沉重地与女儿说话，“只有烟台是我们的”，这些话，包括当时的场景、氛围、语气、语感，冰心记了一辈子，也说了一辈子。

童年的冰心着男装，在驻军最高长官的保护伞下，玩耍于海天，游没于兵营，形成了她后来“海化”的性格[②]。中年的冰心在回顾这些童年往事时，说遗留在她性格中的有五点：第一是人生态度的严

①《童年杂忆》，《冰心自述》。

②少女时代的冰心，与弟弟们曾有过“海化”的话题，希望做个“海化”的青年。这个“海化”的含义包含：温柔而沉静，超绝而威严，神秘而有容，虚怀而广博……这些特点，均被冰心的性格所吸纳。

肃，喜欢整齐、纪律、清洁的生活，怕看怕听放荡、散漫、松懈的一切；第二是喜欢空阔高远的环境，不怕寂寞，不怕静独，愿意常将自己消失在空旷辽阔之中；第三是不喜欢穿鲜艳颜色的衣服，喜欢黑色、蓝色、灰色、白色；第四是喜欢爽快、坦白、自然的交往，很难勉强自己做些不愿意做的事，见些不愿意见的人，吃些不愿意吃的饭；第五是一生对于军人普遍的尊敬。[①]也就是说，冰心的性格在烟台水兵与海隅的天地里基本形成。

①《我的童年》，《冰心自述》。

四　十一岁之前读过的书

1932年夏天，冰心在香山双清别墅为她的第一个版本的“全集”作序时，曾以怨忱的口气写到烟台这一段时间的生活，她说：“我从小是个孤寂的孩子，住在芝罘东山的海边上，三四岁刚懂事的时候，整年整月所看见的：只是青郁的山，无边的海，蓝衣的水兵，灰白的军舰。所听见的，只是：山风，海涛，嘹亮的口号，清晨深夜的喇叭。生活的单调，使我的思想的发展，不和常态的小女孩，同其径路。”实际上这就是一个作家童年的个性化生活，与一般常态的女孩儿是不一样的，“终日在海隅山陬奔游，和水兵们做朋友”。再则就是缠着大人们讲有趣的故事，以度童年时光。

20世纪初叶，中国没有像样的儿童文学，最早引进的安徒生童话也是在五四运动之后。那时，冰心的母亲和奶妈，为她讲的故事只有“老虎姨”、“蛇郎”、“牛郎织女”、“梁山伯与祝英台”之类，这对充满幻想的小婉莹来说，也十分有趣。以后舅舅杨子敬来烟台，协助父亲在海军学校做事，闲暇时为她讲的故事则上升到了《三国演义》，其战争的场面与故事的复杂性远胜于“牛郎织女”之类，小婉莹听得入神，竟至晚上舍不得睡觉，奶妈哄着，还得哭着上床。但

“三国”的故事岂是一天两天可以讲完的？于是，每天都带着悬念，带着期盼入睡。舅舅有时公务忙，便要中止故事，有时竟然间断五六天，“我便急得热锅上的蚂蚁一般。天天晚上，在舅舅的书桌边徘徊。然而舅舅并不接受我的暗示！至终我只得自己拿起《三国志》来看，那时我才七岁”。[①]

从听故事到读故事，就是这样转变的。开始的阅读自然有困难，意思一知半解，不认得的字只得猜，但还是满足了自己的兴趣，不必天天被动地等待，连猜带蒙，竟然可以看出一个大概，且越看越了解，越看越有味，断断续续竟然将《三国演义》看完了。以后又转到《水浒传》，转到《聊斋志异》。看《聊斋》时，小婉莹着迷到如此程度：“《聊斋志异》真是一本好书，每一段故事，多的几千字，少的只有几百字。其中的人物，是人、是鬼、是狐，都有自己独特的性格，每个‘人’都从字上站起来了！看得我有时欢笑，有时流泪，母亲说我看书看得疯了。不幸的《聊斋志异》，有一次因为我在澡房里偷看，把洗澡水都凉透了，她气得把书抢过去，撕去了一角，从此后我就反复看着这残缺不完的故事。”[②]

冰心的文学启蒙与积累，便是从这种听故事到读故事中开始的。根据她的回忆，在十一岁之前，所阅读过的文学作品，数量惊人，就是现在一个文学专业的大学生阅读过的文学名著，都不能与十一岁的

①《我的文学生活》，《冰心自述》，第106页。

②《童年杂忆》，《冰心自述》，第34页。

谢婉莹相比。在中国的古典文学作品中，她阅读的书目为：《三国演义》《水浒传》《聊斋志异》《东周列国志》《西游记》《天雨花》《再生缘》《儿女英雄传》《说岳全传》《凤双飞》《封神演义》和《红楼梦》，而且对它们作出比较，“最不喜欢的是《封神演义》。最觉得无味的是《红楼梦》”[①]。在这十二部古典文学作品中，《天雨花》已较偏僻了，《凤双飞》不知道是什么内容，十一岁的婉莹却是读过了。这些作品的总字数大概要达上千万吧，对十一岁的孩子来说，是不是一个惊人的数字?

但小婉莹的文学阅读远不止这些。冰心在好几篇文章中都写到，她在十一岁之前曾读过《块肉余生述》《孝女耐儿传》《黑奴吁天录》等林纾译的小说，在她的《我的文学生活》中竟有这样一句话：“到了十一岁，我已看完了全部‘说部丛书’。”这六个字“全部‘说部丛书’”承载着多少的内涵与多大的分量！《说部丛书》是商务印书馆从20世纪初开始陆续出版的一部大型丛书，主要是西方的文学名著。这是一个什么概念呢？也就是说，冰心在十一岁之前已经阅读了西方文学名著近百种。

冰心不仅讲到她读的书，还具体地说过这些书怎么来的：一是在军舰上为水兵讲《三国演义》得到的奖励：“讲书的报酬，便是他们在海天无际的航行中，唯一消遣品的小说。我所得的大半是商务印书馆出版的林译说部。”[②]一是作文写得好，老师批的赏钱：“此后便

①《我的文学生活》，《冰心自述》，第108页。

②《我的文学生活》，《冰心自述》，第106页。

又尽量的看书。从《孝女耐儿传》等书后面的‘说部丛书’目录里，挑出价洋一角两角的小说，每早送信的马夫下山的时候，便托他到芝罘市唯一的新书店明善书局去买——那时我正学造句，做短文。做得好时，先生便批上‘赏小洋一角’，我为要买小说，便努力作文——这时我看书看迷了，真是手不释卷。海边也不去了，头也不梳，脸也不洗；看完书，自己嬉笑，自己流泪。母亲在旁边看着，觉得忧虑；竭力的劝我出去玩，我也不听。”①

冰心看书还不限于书本，“我自从爱看书，一切的字形，我都注意。人家堂屋的对联；天后宫，龙王庙的匾额，碑碣；包裹果饵的招牌纸；香烟画片后面，格言式的短句子；我都记得烂熟。”②道出了她“看书”越出了书本的范围，“记得烂熟”也绝非虚言。冰心晚年曾有一文《谢家墙上的对联》，其中有两联便是十一岁之前记下的，八十九岁时凭记忆写出：“此地有崇山峻岭茂林修竹，是能读三坟五典七索九丘”；“庠舍争归胡教授，楼船犹见汉将军”。③那时，求知欲特强的小婉莹，只要有字的东西她都看，哪怕是一张极小的纸头，且又过目不忘。八九岁时，她要求老师教作诗，老师就说，作诗要先学作对子，于是当场考试，老师笑了笑，出了三个字“鸡唱晓”，婉莹几乎不假思索，对三字：“鸟鸣春”。老师大喜，以为她读过韩愈的《送孟东野序》，其实她是从香烟盒上读来的：“以鸟鸣

①《我的文学生活》，《冰心自述》，第107页。
②《我的文学生活》，《冰心自述》，第108页。
③《谢家墙上的对联》，《冰心自述》，第47页。

春，以雷鸣夏，以虫鸣秋，以风鸣冬”，对时脱口而出。

冰心所说的老师，便是她的表舅父王逢逢，是她正式求学的私塾老师。之前母亲和舅舅杨子敬都曾教过她，但那只是认字，王逢逢则要她读正式的课本，新旧都有，新的如商务印书馆的《国文教科书》《饮冰室自由书》等，旧的则有《诗经》《论语》《左传》《唐诗》等。王逢逢在对冰心进行正式教育时，还列具了班昭的《女诫》，他认为，虽是旧体散文，但富有文采，更可作为道德教育类的内容，[①]要求他的女学生遵从必要的做女人的规范。作为老师的表舅王逢逢比之舅舅杨子敬，要正统得多，在他看来，学问要有章法，不可尽读那些“三教九流”式的野书。这样一来，使得冰心在儿时对“四书”“五经”也下了一番工夫，从而打下了旧学的根基。

冰心十一岁之前的清朝末年，真可说是风雨飘摇了，推翻中国历史上最后一个王朝的革命，早已从南方开始。1905年，孙中山、黄兴、宋教仁在东京领导成立了中国同盟会，次年的冬天，制定了同盟会宣言，以法国资产阶级革命时期的自由、平等、博爱为口号，以“驱除鞑虏，恢复中华，建立民国，平均地权”为主张，建立资产阶级议会制共和国。此时冰心的一家虽然生活在北方，而且谢葆璋是朝廷命官，但南方革命的风云不断地从故乡福州涌来，舅舅杨子敬

①东汉女学问家班昭的《女诫》，计七篇，包括卑弱、夫妇、敬慎、妇行、专心、曲从和叔妹，连序在内不过一千六百多字，内容却相当丰富，对女性的要求异常全面，尤其是女性的“贞节”是班昭高高举起的大旗，从此揭开了大多数女性苦难的序幕。

便是同盟会会员，常常有从南方或日本来的朋友，带来或寄来同盟会的报刊与宣传品，其中有章炳麟先生编的《天讨》。母亲杨福慈受哥哥的影响，赞成同盟会的主张，并且以她的病弱之躯，做一些力所能及的事情，比如，将宣传品放在肉松筒与茶叶罐中寄出去。母亲在做这些的时候，显得特别神秘而又神圣，自然引起婉莹的好奇，也和母亲一起做了起来。《天讨》在当时绝对属于禁书，但婉莹也和大人一样，在夜里无人的时候偷看，同时阅读的还有《神州日报》与《民呼报》。这些宣传同盟会主张的报纸将小婉莹带到了另外一个世界，原来有那么多的不平、无能与腐败，竟至到了让她在不是关心国事的年龄关心起国事来。

五 诗人与灯台守

如果将父亲谢葆璋排除在小婉莹求知的视野之外，以为他仅是尽着地让爱女在海边“撒野”，也是不公平的。其实，谢葆璋虽在行伍，职为军人，但在当时的朝廷内外、友朋之间却是有名的“儒将”。就连清末朝廷“直声震天下”的第一御史江春霖，也知谢葆璋是个“裘带歌壶，翩翩儒将”，早就“心向往之”。1910年2月，江春霖因再次弹劾庆亲王奕劻未果，愤而辞职归乡。江春霖是福建莆田人，南下归乡时船过烟台，便在谢

◎与父亲谢葆璋。

葆璋的客室里住了几天，留下了一副对联与一个谜。[①]

谢葆璋在求知上对女儿的直接影响，是制造了一种文学的环境与氛围，熏陶着未来的女诗人。谢葆璋爱写诗，早年在海上与妻子通信时，时不时便以诗唱和。他们那一代海军大员，如萨镇冰、黄钟瑛等，生活上有着军人的严肃，内心却有着诗人的激情。幼时的谢婉莹想成为他们的追随者，不想却被“性别”阻止。清末的女性难以成为一名军人，但诗人的气质却烙在了她的身上。

烟台海军校长的家中，每至海风清凉的夏天，便有一位大受欢迎的客人光顾，这就是被冰心称之为小舅舅的杨子玉。杨子玉是叔外祖父杨颂岩的小儿子，母亲因为幼年丧母，便由叔外祖父母养育长大，母亲也教过小舅舅杨子玉读书识字，感情笃深。杨子玉比冰心大十四岁，与杨子敬舅舅、王逢逢表舅比，与冰心要亲近得多。那时，杨子玉抱着“实业救国”的思想，报考唐山路矿学堂，学习土木工程专业，每至暑期，便来烟台消夏，而他一来，谢家便热闹非凡。“小舅舅是我们这一代最欢迎的人，他最会讲故事，讲得有声有色。他有时讲吊死鬼的故事来吓唬我们，但是他讲得更多的是民族意识很浓厚的故事，什么洪承畴卖国啦，林则徐烧鸦片啦等等，都讲得慷慨淋漓，我们听过了往往兴奋得睡不着觉！”[②]尤其是小舅舅杨子玉善于制造一种文学的氛围：在可望见夏夜星空、可听到海涛清响的书斋里，小

①即“庠舍争归胡教授，楼船犹见汉将军”这副对联。冰心说，对联当然是扣住父亲是海军学校校长的职位写的，但不知“胡教授”出自何典。

②《我的童年》（二），《冰心自述》，第30页。

舅舅早早地摆上纸墨笔砚、扇子，还有奖品之类。当海边的灯塔开始闪亮时，小舅舅便会将父亲、父亲的同事邀来，举行赛诗会。赛诗会的题目不得早出，必须当场议定，议定后便各自去吟去写，燃烧一炷香，用作计时，时间到了，一律交卷，相互传诵，当场评定。冰心记得父亲曾得过头奖。这时的谢婉莹和她的堂哥表哥便端坐一旁，尽情地享受诗意之美、文学之光。婉莹感觉自己的父亲，不仅是一位威严的军人，更是一位多才的诗人。直到晚年，她还记得当年父亲在赛诗会上两首不完整的诗。一首为《咏蟋蟀》：

庭前……正花黄
床下高吟际小阳
笑尔专寻同种斗
争来名誉亦可香

小舅舅当时称赞诗中透出“军人本色”，父亲则认为是“诗言志”。“笑尔专寻同种斗”，多么风趣之一笔，岂止讲蟋蟀？岂止话昆虫？

另一首为《咏茅屋》，冰心只记得后两句：

久处不须忧瓦解
雨余还得草根香

赛诗会后，他们还要打坐，直谈到夜深。杨氏一家，杨子敬、杨子玉都是同盟会员，1907年杨子玉还曾从唐山赶赴广东参加潮州、惠州起义，只因路上受阻而未能到达。所以，他们的谈话，也具有相当神秘的色彩，婉莹则早早睡觉去了。

赛诗会的主角看起来是小舅舅与父亲，实际上，真正的主角是那个默默端坐于一旁的小婉莹。每一次赛诗会制造出的文学情境与氛围，都在她幼小的心灵播下了一颗诗的种子，这不是读几本书便可获得的。

还有一次与父亲的对话，也是一次文学的想象。

婉莹居住的军营，入夜时分可见岛上闪烁的灯塔，一盏给远航之人希望与温暖的灯。忽然在除夕的酒后，婉莹在灯光里向父亲请求，长大后要去当灯台守。这让父亲十分惊讶。她的理由是："看灯塔是一种最伟大，最高尚，而又最有诗意的生活……""我晚上举着

◎烟台海军学校官兵合影。

火炬，登上天梯，我觉得有无上的倨傲与光荣。几多好男子，轻侮别离，弄潮破浪，狎习了海上的腥风，驱使着如意的桅帆，自以为不可一世，而在狂飙浓雾，海水山立之顷，他们却蹙眉低首，捧盘屏息，凝注着这一点高悬闪烁的光明！这一点是警觉，是慰安，是导引，然而这一点是由我燃着！”“晴明之日，海不扬波，我抱膝沙上，悠然看潮落星生。风雨之日，我倚窗观涛，听浪花怒撼崖石。我闭门读书，以海洋为师，以星月为友，这一切都是不变与永久。”“三五日一来的小艇上，我不断的得着世外的消息，和家人朋友的书函；似暂离又似永别的景况，使我们永驻在‘的的如水’的情谊之中。我可读一切的新书籍，我可写作，在文化上，我并不曾与世界隔绝。”父亲只得如实地指出女儿的“文学幻想”过于美丽。他问：如若病了怎么办？倘若有大风浓雾，触石沉舟的事，你须鸣枪，你须放艇……能做到吗？父亲最后站起来安慰女儿：“清静伟大，照射光明的生活，原不止灯台守，人生宽广的很！”[①]

婉莹显然不可能实现灯台守的愿望，这只是一次文学的想象，但这次与父亲关于灯台守的对话，却一直像灯塔一样闪烁在女作家的心中。

谢婉莹在烟台的这段时间，是中国历史上黎明前的黑暗时代。这个时代的特点是摇摇欲坠的王朝，深刻的内部矛盾与外部冲突，相互制约地推动着历史的车轮，皇室最终退出历史，共和的曙光在前，中

①《往事》（二），《冰心自述》，第203页。

国翻开了新的一页。身为清末海军学校校长的谢葆璋，也处在矛盾的交织点上。一方面，他要对学校与学生负责，要忠于职守；一方面他同情革命，憧憬着改变现实。十一岁之前的谢婉莹不会理解父亲这种矛盾的处境，但矛盾的结果，谢婉莹是知晓的，并且改变了她的身份与角色。

在推翻帝制走向共和的斗争中，满清朝廷亦以满汉之争来诠释，而海军历来被汉人所掌控，满人患之，便生出培养满人海军军官以求替代的想法。1910年，辛亥革命的前夜，海军处挑选满族青年伊里布、博黎青、张德亨等三十人送到烟台海军学堂，这无疑将校长谢葆璋放在了火药桶上。满族青年到校后，凡事均要占先，且又无真才实学，因而时常与汉族青年学生发生冲突，谢葆璋极力调解也无济于事。有时只要一事不合，满族学生便愤然离校回京，更让谢葆璋被动。这年年底，烟台海军学堂年终考试，海军大臣听多了这个学校的风言风语，派出海军部一等参谋官郑汝成来烟台海军学堂充监考官。[1]郑汝成与谢葆璋是天津水师学堂同班同学，毕业时谢名列第一，郑则第二，而现在郑汝成作为海军部监考官临校，颇有钦差大臣的架式。刚到校便要谢葆璋集合全体师生训话，从军人规范到学生纪律到军容风纪，长篇大论，滔滔不绝，再加上此公身材魁梧、声如洪钟，听者肃然，顿生畏惧。临场考试时不少考生发挥不正常，不及格者人数较多，考后均一一退学。郑汝成回京禀

---

①1910年12月4日（宣统二年十一月三日），宣统皇帝下谕设立海军部。之前为海军处，归属陆军部。

报，说烟台海军学堂“监督谢葆璋办理不善，校政废弛，应予整顿”。海军大臣载洵听信后，便着郑汝成为烟台海军学堂监督，并兼任海军部一等参谋官，谢葆璋则调任海军部任二等参谋官。这个决定，对谢葆璋极不公平，血气方刚的海军将领自然不就，决意辞官返乡，离开了自己苦心经营了八年的海军学堂。

是为1911年初秋。冰心写道：

> 父亲恋恋不舍地告别了他所创办的海军学校，和来送他的朋友、同事和学生，我也告别了我的耳鬓厮磨的大海，离开烟台，回到我的故乡福州去了！[①]

①《我的童年》（二），《冰心自述》，第32页。

六　大家庭中的女红

辞官后的谢葆璋，携家眷老小，乘船离开烟台。八年前婉莹来烟台时，是父母的独生女，现在离开烟台了，已有弟弟三人，大弟谢为涵、二弟谢为杰、三弟谢为楫[①]，分别为五岁、三岁和一岁，很有规律的，每隔两年有一个弟弟出生。婉莹觉得很奇怪，母亲没有为自己

◎与父亲谢葆璋、大弟谢为涵。

◎与母亲和小弟谢为楫。

①谢为涵，1906年6月23日出生；谢为杰，1908年9月5日出生；谢为楫，1910年10月21日出生。

生下一个妹妹，连续的都是弟弟，与海军学堂的人一样，都为男性。婉莹也就继续着她的男儿装，稳稳地当她的“莹哥”了。那一刻，莹哥将不到一岁的三弟拥在怀里，在秋日海风的吹拂中，看着客船停泊在上海的吴淞码头。

谢葆璋离开烟台海军学堂的时间，几乎是选择一个历史的契机，甚至有点革命党人逃亡的味道。此时，推翻满清统治的革命，在南方如火如荼，他要回到革命的南方故乡。就在他们暂居沪上期间，武昌起义爆发，谢葆璋在天津水师学堂的同学黎元洪被推举为湖北军政府都督。那些天，上海各报尽是武昌起义的消息，黎元洪致外省的通电、对外国使领馆的文告等等，每每写得慷慨激昂，篇末竟以“黎元洪泣血叩”收尾，感动了许多沪上民众。起义与被推翻的双方，谢葆璋都有熟悉之人，革命离自己竟是如此之近，而自己一时激愤选择辞职，现在倒是有心情观察起这场离自己很近的革命了，盼革命之后给中国带来强大与繁荣。谢婉莹也争着与父亲阅读那些报纸，为上海的光复、为上海女子北伐敢死队参军参战的英勇行为、为上海援鄂志愿决死团开赴湖北作战的英雄气概而欢呼、感动。那时，上海各界纷纷捐款劳军，十一岁的谢婉莹把攒下的十元压岁钱，送到《申报》报馆去捐献。端详着上款写有“幼女谢婉莹君”字样的收条，感觉自己也为这样一次天翻地覆的革命，献上了一份力量。回到旅馆，婉莹将那一纸薄薄的收条，珍藏了起来。

谢葆璋一家回到故乡福州，已是这年的冬天了。轮船航行在青山碧水之间，纵是隆冬，也是绿意醇浓。看惯了大海的蔚蓝、寒冷的枯黄，第一次回到故乡的谢婉莹，面对眼前的青山、绿水、白雾与细雨，涌起了一缕诗情：

清晓的江头，
　白雾濛濛，
　　是江南天气，
雨儿来了——
　我只知道有蔚蓝的海，
　　却原来还有碧绿的江，
这是我父母之乡！①

完全没有父亲辞官的压抑，也没有革命的豪情，一派田园风光，一种回乡的喜悦，一片童真，这大概就是地域与环境的变换而导致的新颖，形成的诗情。大跨度的时空转换，别说在一个孩童的眼里，纵是老夫也会变得活跃起来。第一次回乡的诗情，一直保留在婉莹的心中，直到十年之后，成了“冰心”的谢婉莹，才显示在了文字上。

轮船驶过马尾时，谢葆璋让女儿站在自己的身边，告诉她眼前的罗星塔，恰如芝罘岛上的灯塔，但它是给远涉南洋的游子归乡的向往；告诉她那是马尾船政学堂，中国最早的海军摇篮，“萨统”便是

①《繁星》一五六，王炳根选编《冰心文选》（诗歌卷），福建教育出版社2007年版，第51页。

从这里走出去的，还有甲午海战中许多的水兵和将领，都是从这里走出——谢葆璋在船上，给女儿列举了一串的名字：严复、邓世昌、刘步蟾、方伯谦、林泰曾……最后对女儿说：我们福建人水兵多、甲午海战阵亡的人也多，便是与这座著名的船政学堂有直接关系的。女儿忽然问父亲：为什么不在这里上学，而要远赴天津？父亲告诉女儿，那都是祖父的安排。

现在就要见到祖父了。谢葆璋一家从闽江万寿桥旁的南台码头下船，之后坐了轿子进城。祖父谢銮恩在大厅迎候他们，三个弟弟均未见过祖父，怕生，便躲在了后面，婉莹在上海时与祖父共同生活过，自然记得，便上前向祖父请安。祖父摸着孙女的头，夸她长高长大了，言语中透出慈爱的骨肉之情。

谢葆璋一家没有回到婉莹出生时的隆普营，而是住进了位于南后街杨桥巷口万兴桶石店后的一座大院里。杨桥巷即是“三坊七巷”中的一巷，属于城中心位置，而这座大院是祖父刚刚买下来的，之前为林觉民一家人居住。也就是数月前，即4月27日，黄兴等领导的广州起义爆发，当时尚在日本留学的林觉民决意回国，参加了起义，但因消息走漏，起义失败，八十六位起义军战死或遇害。林觉民留下了“卿卿意映如晤”（《与妻书》）的千古绝唱，慷慨悲歌，走上了刑场。当时，林觉民的岳父恰在广州做官，得知消息后连夜派人快马回福州报信，为避株连，家人急忙将房产变卖，全家躲进偏僻的早题巷。买下这座房子的人便是谢銮恩老先生。

晚年的冰心对这座房子的记忆是这样的：

我们这所房子，有好几个院子，但它不像北方的“四合院”的院子，只是在一排或一进屋子的前面，有一个长方形的“天井”，每个“天井”里都有一口井，这几乎是福州房子的特点。这所大房里，除了住人的以外，就是客室和书房。①

不用说，这是一个大家庭居住的房子，有好几个院子，有好几进屋子，还有客厅与书房，不是一般的人家。根据谢葆璋回乡后被父亲安排在这座大房子中居住的位置显示，购置这座房子的钱可能大多出自他在烟台当海军学堂监督的薪俸，即如冰心说的“这所房子很大，住着我们大家庭的四房人。祖父和我们这一房，就住在大厅堂的两边，我们这边的前后房，住着我们一家六口”。从常理上说，大厅两侧的房子为正房，一家之主的祖父居住是肯定的，而住另一侧的要么是家族中的排行老大，要么是排行老小，谢葆璋排行为三，怎么也轮不到他们一家，父亲之所以如此安排，可能是在购房的出资上，谢葆璋为大。

住进大房子后的谢婉莹，生活环境发生了根本的变化，远离了大海，房子再大也不及海军学堂的校舍呀，不再是水兵王国中的公主了。大家庭中的辈分与等级，在她看来，比兵营中还要森严，祖父下有两个伯父、一个叔父，两个伯母与一个叔母，再就是堂哥、堂姐、

①《我的故乡》，《冰心自述》，第11页。

堂弟、堂妹一大堆，婉莹要在这个大家庭中生活了。母亲教导说：回到福州住在大家庭里，不能再像野孩子似的了，一切都要小心。对长辈不能没大没小的。祖父是一家之主，尤其要尊敬……也就是说，她再也不能像在烟台那样自由任性地当“野孩子”了，不能着男装，不能穿军服，更不能骑马打枪，她必须回到自己真实的身份上：一个大家庭中的女儿！

大人们七手八脚地帮助她找回少女“应有”的气息。堂姐婉聪、婉铿与婉莹算是同龄人，但她们已是一身早熟的女儿装，被裹过的脚，三寸金莲点在地上，一颤一颤的，阿娜多姿，耳朵上也已挂上了银质的耳环。伯母等家中几个女长辈看着一身素装的婉莹，直摇头，十一岁了，脚是不能裹了，但耳眼儿总是要扎的。哎哟哟，小侄女的耳朵怎么这样大，耳垂像个小锤子。女儿男相，有得福享，可耳眼儿还得扎，不然婆家送来的耳环戴哪儿？衣服得换上花的，素花也不行，那是妇人穿的，哪有少女便穿素花的道理？要穿绣花鞋，这个不难，几房的女人干上两个通宵便有了。早晨起来梳头，要把头发盘好，逢年过节还得略施粉黛。小侄女长得水灵，但女儿总要会搽脂粉、会戴花、会穿金戴银。长辈们虽是七嘴八舌，可也不是说说玩的，婉莹在母亲的指点下，一件一件地开始了她的女儿功课。只是在耳朵的大耳垂上打洞，母亲有些不忍，可也找不出拒绝的理由，倒是父亲理解，说是婉莹“左耳唇后面，有颗聪明痣，把这颗聪明痣扎穿了，孩子就笨了”，这才免去了那一针。婉莹后来还爱上绣花，在一方扎好绷紧的白布上，用不同的丝线，绣出玫瑰、荷花、蝴蝶、画眉鸟什么的，让她着迷。

待婉莹的女儿打扮收拾停当，便要过年了。辛亥年的除夕、壬子年的春节，对谢婉莹来说是全新的，地点转换，节目变了，人也不同，身上穿着新做的月季大花棉袄、脚下踏着刚刚换上的金丝百合绣花鞋，从腊月廿三起，便看着大人忙活开了。最先是叠“元宝”，用金银纸箔叠成元宝的样子，并用绳子穿成一串一串的，准备供神供祖的时候烧；然后就忙着扫房，洗刷门窗，擦亮铜锡器具；更要取出糟腌的鸡、鸭、鱼、肉。祖父则忙着写春联，婉莹站在书案前，看看字、磨磨墨，或是拿着水向砚台滴点儿水，父亲过来帮忙，将祖父写好的春联贴在擦得纤尘不染的大门、中厅或房门的柱子上。祖父还要在自己的书桌旁边贴上“元旦开笔”“新春大吉”之类的吉利话。放花炮、拜年，拿压岁钱自然是少不了的，因为大家庭里兄弟姐妹多，祖父的红纸包里，只是一两角的新银币，但因为长辈也多，加上各自外婆家给的压岁钱，每人几乎都得到好几块钱！还要和堂哥堂姐堂弟堂妹们比，比从自己外婆家得到的东西，谁的好，谁的多，灶糖、灶饼啊，一盒一盒的点心啊。尤其要比灯笼，“福州方言，‘灯’和‘丁’同音，因此送灯的数目，总比孩子的数目多一些，是‘添丁’的意思。那时我的弟弟们还小，不会和我抢，多的那一盏总是给我。这些灯：有纸的，有纱的，还有玻璃的……于是我屋墙上挂的是‘走马灯’，上面的人物是‘三英战吕布’，手里提的是两眼会活动的金鱼灯，另一手就拉着一盏脚下有轮子的‘白兔灯’。”墙上挂的，手里提的、拉的，晚年的冰心活画了她在梦幻般灯的世界里顽皮而得意的形态。尤其是南后街的花灯，“那就不是孩子们举着玩的灯笼了，而是上面画着精细的花鸟人物的大玻璃灯、纱灯、料丝灯、牛角灯等等，元宵之夜，都点了起来，真是‘花市灯如昼’，游人如织，欢笑满街！”[①]福州过年真是热闹，远胜于烟台！只是开心时得记住身份，时时不要忘记自己是个女儿家。

有时，却还会当起“两栖动物”。逢年过节，表姐表妹来了一群，往往住在东院，堂哥堂弟们也是一大堆，扎在西屋。东院的姐妹们，“她们在一起谈着做活绣花，擦什么脂粉，怎样梳三股或五股辫子；怎样在扎红头绳时，扎上一圈再挑起几绺头发来再扎上一圈，这样就会在长长的一段红头绳上，呈现出‘寿’字或‘喜’字等花样等等；有时也在西院后花园里帮助祖父修整浇灌些花草。”西屋的堂兄弟们，则在那里吹弹歌唱，下棋作“诗”。刚刚进入这个大家庭、刚刚换上女儿装的婉莹，则是两边来回，哪儿好玩便往哪儿跑，表姐与堂哥们，有的比她大了七八岁，也不把婉莹当回事，做什么事都不拒绝她，也不避开她，有时还让她递个纸条传个情，过目不忘的谢婉莹，在她86岁的头上，还记得纸条上传情的文字：“＊妹妆次，自违雅教，不胜怀念，咫尺天涯，未得畅谈，梦寐萦思，曷胜惆怅，造府屡遭白眼，不知有何开罪，唯鄙人愚蠢，疑云难破……”还有一位堂哥向一位表妹写了一首诗，婉莹读后觉得不错，也记下了：“此生幽愿可能酬，未敢将情诉蹇修，半晌沉吟曾露齿，一年消受几回眸；迷

①《童年的春节》，《冰心自述》，第43页。

茫意绪心相印，细腻风月梦借游，妄想自知端罪过，泥犁甘坠未甘休。”婉莹当时还极是佩服这位堂兄的才华，没想到几年后被她识破，竟是从清代专写妆奁诗的王次回《疑雨集》中抄来的。[①]

在那个笑语喧哗、目迷五色的青少年群里，大有忘其所以而飘飘然的谢婉莹，正是处于求知欲旺盛时期，无论是烟台的“野孩子”，还是福州沉迷的女儿家，只要一见到书，便如鱼儿遇了水，一头扎了进去。祖父的书房就在婉莹居室对面的厢房，那儿有一长列的书柜，婉莹有空便钻进祖父的书房里，从下往上看，从坐着到站着，到踮起脚尖，到站在凳子上，祖父也从不制止，无论什么书，从唐诗到《巴黎茶花女遗事》，都允许看，婉莹便在祖父的知识海洋中畅游，包括这个大院中柱子上、过道中的对联，都被她背个烂熟。“海阔天高气象，风光月霁襟怀”；“知足知不足，有为有弗为”；“花花相对叶相当，红紫青蓝白绿黄”；“君子才如不羁马，知君身是后凋松”。这些对联或是祖父写的，或是亲戚送的，每副对联均有典出，体现了鲜明的家族文化色彩，谢婉莹自小便是十分的喜爱，直到晚年，还常常将记忆中的对联题赠给求字者。20世纪80年代，福州城市改造，这座大院被拆除了好大一片，在有识之士的呼吁下，以“林觉民故居”的名义留下了两进。恢复原貌时，房子的布局与住房的功能，均以冰心回忆为蓝本，对联全部出自冰心的回忆文章。2008年，又挂牌“冰心故居”，算是留下了冰心的印记。

---

①《两栖动物》，《冰心自述》，第51、52页。

辛亥革命之后，旧学废止，新学渐兴，谢婉莹考上了福州女子师范学校预科，成了谢家第一个上新学的女孩子。在烟台，婉莹也正式读过私塾，但与在福州上学是不同的两回事。首先是环境变了，不在自家，而是在学校，朝夕相处的不是堂兄与表哥，而是陌生的同学。同时，课程设置针对的不是个人而是全体。如此，从未离开过家的婉莹便有一个适应的过程，开始不习惯，还偷偷地流过眼泪，但她不能让任何人知道，因为在这个大家庭中有的长辈是不赞成女孩子上学的，“女孩子的手指又不能当门栓！”在重男轻女的大环境下，虽有父亲的庇护，但传统的力量也是强大的，婉莹深知这一点，她忍着泪水，一天天孤单地穿过塔巷，来到位于花巷的学校，接受正规的教育。

祖父也是开明的，这位受旧式教育的老先生，因为特别喜欢从小不在自己身边长大而又十分聪明伶俐的孙女，他的世界几乎是无保留地对婉莹开放，这让谢家上下都有些不解。但有时又是平等的，其如，那时福州刚有电灯公司，安装电灯时，谢家的孩子一天到晚跟在工人的后面，盼着电灯点亮，但在电灯点亮之后，他们又发现，大权掌握在祖父的手里。所谓大权，就是大院里的总电闸安装在祖父的屋子里，每天晚间九点，祖父便会将总闸关上，无论是东院还是西院，是祖父的南厢房，还是婉莹的北厢房，全都一片漆黑，于是，各个小家便会亮起早已准备好的蜡烛或油灯，不同的灯光下是不同的话题、不一样的女红，祖父则上床歇下。冰心后来回忆道：“只有这个时候，我才体会到我们这个大家庭是一个整体，祖父是一家之主！”

祖父在给婉莹以女孩身份上学权利的时候，也对这个最喜爱的女孩寄予厚望，要让她知道自己的身世，明了家族的历史，成为一个有出息的女子。这种开明的教育，对已经读过大量书籍的婉莹，极有效。

在一个清静的冬夜，祖父和我独对的时候，他忽然摸着我的头说："你是我们谢家第一个正式上学读书的女孩子，你一定要好好地读呵。"说到这里，他就源源本本地讲起了我们贫寒的家世！原来我的曾祖父以达公，是福建长乐县横岭乡的一个贫农，因为天灾，逃到了福州城里学做裁缝。这和我们现在遍布全球的第一代华人一样，都是为祖国的天灾人祸所迫，漂洋过海，靠着不用资本的三把刀，剪刀（成衣业）、厨刀（饭馆业）、剃刀（理发业）起家的，不过我的曾祖父还没有逃得那么远！

那时做裁缝的是一年三节，即春节、端午节、中秋节，才可以到人家去要账。这一年的春节，曾祖父到人家要钱的时候，因为不认得字，被人家赖了账，他两手空空垂头丧气地回到家里，等米下锅的曾祖母听到这不幸的消息，沉默了一会，就含泪走了出去，半天没有进来。曾祖父出去看时，原来她已在墙角的树上自缢了！他连忙把她解救了下来，两人抱头大哭；这一对年轻的农民，在寒风中跪下对天立誓：将来如蒙天赐一个儿子，拼死拼活，也要让他读书识字，好替父亲记账、要账。但是从那以后我的曾祖母却一连生了四个女儿，第五胎才来了一个男的，还是难产。这个难得出生的男孩，就是我的祖父谢子修先生，乳名“大德”的。

这段故事，给我的印象极深，我的感触也极大！假如我的祖父是一棵大树，他的第二代就是树枝，我们就都是枝上的密叶；叶落归根，而我们的根，是深深地扎在福建横岭乡的田地里的。我并不是“乌衣门第”出身，而是一个不识字、受欺凌的农民裁缝的后代。曾祖父的四个女儿，我的祖姑母们，仅仅因为她们是女孩子，就被剥夺了读书识字的权利！当我把这段意外的故事，告诉我的一个堂哥哥的时候，他却很不高兴地问我是听谁说的？当我告诉他这是祖父亲口对我讲的时候，他半天不言语，过了一会才悄悄地吩咐我，不要把这段故事再讲给别人听。当下，我对他的“忘本”和“轻农”就感到极大的不满！从那时起，我就不再遵守我们谢家写籍贯的习惯。我写在任何表格上的籍贯，不再是祖父“进学”地点的“福建闽侯”，而是“福建长乐”，以此来表示我的不同意见。[1]

任何的文字描写都超不过冰心自己的叙述，冷静中透出暖流，愤懑中流露决心，沉重中现出希望，就像横岭村肥沃的土地上，滋生着一棵吸足了养分茁壮向上的幼苗。

这是一次影响了冰心一生的谈话。实际上，祖父这个时候并没有

---

①《我的故乡》，《冰心自述》，第9、10页。

将婉莹视为谢家的女孩，对她可能比对男孩儿寄托着更大的希望！

谢婉莹在这个大家庭中生活了将近两年，祖父并不知道她将来会成长为一个女作家。福州的春节、元宵、端午和中秋等乡土与风俗，给冰心以心灵的滋养，也留下深刻的印象。冰心在成年后认为，福州大家庭中这个角色的转变极其重要，仅仅有烟台野孩子的养成是不够的，女性的人格是不健全的，“我也不能不感谢这个转变！十岁以前的训练，若再继续下去，我就很容易变成一个男性的女人，心理也许就不会健全。因着这个转变，我才渐渐的从父亲身边走到母亲的怀里，而开始我的少女时期了。”①这种性格的形成，则影响着她的作品，影响着她的文学精神，影响着她的人生观与文学观。

①《我的童年》（一），《冰心自述》，第22页。

七 初到北京

1913年的春末夏初，谢葆璋接到北京政府海军部命令，前往北京，担任海军总司令处二等参谋，7月授衔为“海军上校”，一个月之后晋升为“海军少将”，10月提升为“海军部军学司司长”。所有的任命均为“北京政府临时大总统袁世凯令”。

谢婉莹便是这个时候从福州进京的，从此成了北京人。当年这位

◎北京铁狮子胡同中剪子巷十四号“谢家大院”。

海军少将的公主走进北京，留下的是并不美好的印象。如果用色彩来描述，烟台是蓝色的，福州是碧绿的，而北京是灰黄的。黄土铺就的尘土飞扬的马路，秋日夕照下的苍黄的城郭，灰头土脸的四合院，谢婉莹和三个弟弟坐在马车里，探出头来望着布幔下灰黄的街道、匆忙而又迂缓的行人、流汗奔走的人力车夫，觉得一点儿也不好玩。

在茫然的心情之中，马车把他们送到了东城铁狮子胡同中剪子巷十四号——父亲为家眷的到来租住的房子。大门左边的门框上，挂着黑底金字的“齐宅”牌子，进门右边的两扇门内，是房东齐家的住处，往左走过一处小小的长方形外院，从朝南的四扇门进去，是个不大的三合院，便由冰心一家居住。

> 这个三合院，北房三间，外面有廊子，里面有带砖炕的东西两个套间。东西厢房各三间，都是两明一暗，东厢房作了客厅和父亲的书房，西厢房成了舅舅的居室和弟弟们读书的地方。从北房廊前的东边过去，还有个很小的院子，这里有厨房和厨师父的屋子，后面有一个蹲坑的厕所。北屋后面西边靠墙有一座极小的两层“楼”，上面供的是财神，下面供的是仙！[①]

海军少将将宝贝女儿安排在北屋的正房。两明一暗的正房，有玻璃后窗，有雕花的“隔扇”，隔扇上的小木框里，都嵌着一幅画或

①《我到了北京》，《冰心自述》，第55页。

一首诗。框里的画，是水墨或彩色的花卉山水，诗多半是《唐诗三百首》中的句子，冰心很喜欢这种装饰，诗句大多是在烟台与福州读过的，但有一首七律从未见过："飘然高唱入层云，风急天高忽断闻。难解乱丝唯勿理，善存余焰不教焚。事当路口三叉误，人便江头九派分。今日始知吾左计，枉亲书剑负耕耘。"冰心觉得很有哲理意味，便在心里记了下来。

住进三合院的谢婉莹，感觉到的是狭仄冷清，既不能与福州前后几进的大院相比，更无烟台的海阔天空。父亲任职的海军部，就在铁狮子胡同，离中剪子巷一箭之地，但海军部的父亲不能像烟台那样让她"跟班"，不能带她去"衙门"，弟弟们又小，周围没有哄着她玩的水兵，屋里也没有一大堆的堂哥堂姐之类的伙伴。她自将烟台与福州的生活喻为"山中岁月"、"海上心情"，将北京视为"辇下风光"。那多彩的山中岁月与海上心情都已远去，眼前的辇下风光却未看到，那时故宫、景山与北海都不开放，别的景区父亲也不曾带她去过，婉莹只能整天在家跟着母亲，做一些家务，学些针黹，帮母亲梳头，晚间则在堂屋的方桌边，和三个弟弟各据一方，帮他们温习功课，俨然成了一位老气横秋的小先生。

在北京做官的父亲，比在烟台消沉多了。新的政府没有令他兴奋，反而使他消沉，婉莹完全弄不明白。父亲既没有兴致带孩子们外出游玩，自己也不出去打牌、听戏、喝酒、应酬，好在父亲又是个不甘寂寞的人，从海军部下班回家，便在院子忙活开来，砌花台，卷起袖子种花、浇水，还搭起一个葡萄架子，把从烟台寄来的葡萄秧子栽上。后来还把花园渐渐扩大到门外，又种了野茉莉、月季、蜀葵之类的花卉，还为孩子们立了一个秋千架，周围的孩子就常来看花、打秋千，把这大院称做“谢家大院”。

就在这时，京味文化开始进入谢婉莹的生活：

“谢家大院”是周围的孩子们集会的地方，放风筝的、抖空竹的、跳绳踢毽子的、练自行车的……热闹得很。因此也常有“打糖锣的”的担子歇在那里，锣声一响，弟弟们就都往外跑，我便也跟了出去。这担子里包罗万象，有糖球、面具、风筝、刀枪等等，价钱也很便宜。这糖锣担子给我的印象很深！……舅舅带着逛了隆福寺市场，这对我也是一件新鲜事物！市场里熙来攘往，万头攒动。栉比鳞次的摊子上，卖什么的都有，古董、衣服、吃的、用的五光十色；除了做买卖的，还有练武的、变戏法的、说书的……我们的注意力却集中在玩具摊上！我记得最清楚的是棕人铜盘戏出。这是一种纸糊的戏装小人，最精彩的是武将，头上插着翎毛，背后扎着四面小旗，全副盔甲，衣袍底下却是一圈棕子。这些戏装小人都放在一个大铜盘上。耍的人一敲那铜盘子，个个棕人都旋转起来，刀来枪往，煞是好看。[1]

北京东安市场内的吉祥戏院。我站在楼上堂客座的栏旁，

①《我到了北京》，《冰心自述》，第57页。

戏院里人声嘈杂，打手巾把的，熟练地从观众头上高高地扔着手巾……戏台上立着很大的红纸海报，大轴子戏是梅兰芳先生和王凤卿先生的《汾河湾》……忽然间后面有人推我一把，“快看”，梅先生出台了，流水般的踱步，送出一个光彩夺目的人儿，端严的妙目，左右一扫，霎时间四座无声！①

从糖锣担子到民俗表演，从放风筝到梅兰芳，这些最能代表京韵文化的符号，都是在烟台、福州所不曾有过的，文化的反差令谢婉莹有一种兴奋与新鲜感，但也有种陌生与惶惑，有时还会产生心理的隔膜与失落。冰心是这样描述自己当时的心境的：“弟弟们睡觉以后，我自己孤单地坐着，听到的不是高亢的军号，而是墙外的悠长而凄清的叫卖‘羊头肉’或是‘赛梨的萝卜’的声音，再不就是一声声算命瞎子敲的小锣，敲得人心头打颤，使我彷徨而烦闷！”②

冰心晚年忆及这段生活时，认为她在北京的头一年，在她少女生活的开步之时，如同列车进入了黑暗的隧道，“窗外黑糊糊的，车窗关上了，车厢里电灯亮了，我的眼光收了回来，在一圈黄黄的灯影下，我仔细端详了车厢里的人和物，也端详了自己……”③

婉莹不开心的时候，也曾尝试过写作，想以她的想象与描写，填补生活中的寂寞，冲淡烦闷的心情。与乡贤林琴南以文言文翻译小

①《“人难再得始为佳”》，《冰心全集》第5卷，海峡文艺出版社1994年版，第651页。

②③《我到了北京》，《冰心自述》，第58页。

说一样，她用文言体写作小说，题材却是“说部丛书”式的侦探小说，叫《女侦探》；还用文言体写过一部女革命家的小说，叫《自由花》，也与她在烟台写过的章回小说一样不成功，只留下个题目存在记忆里。另一项文学活动却是成功的，就是给弟弟们讲故事。婉莹讲的故事不是书中现成的，也不完全是杜撰。她将自己看过的新旧译著的几百种小说，差来错去地胡凑人物布局，自成片段，讲起来绘声绘色，让弟弟们聚精凝神，笑啼间作，且对姐姐充满了敬意。冰心后来说，她在一年多的时间内，讲过“三百多段信口开河的故事”，给弟弟们，也给她自己烦闷的生活平添了三分亮色。

平淡的生活也有多彩的时候，母亲到北京后，订阅了《妇女杂志》《小说月报》《东方杂志》等报刊，每当邮差送来杂志，如同送来了欢乐，不等母亲看过，婉莹便一头扎进了多彩的世界里。

八 教会学校的海军公主

谢婉莹从福州来到北京，应为辍学，放弃了福州师范预科的学业，到了北京自然应该续上，却因易地休学了一年，生出了许多烦闷的心情。终于在一个黄昏后，谢婉莹悄悄地向舅舅杨子敬提出继续上学的要求。舅舅一打听，离中剪子巷不远处的灯市口，有一所女子中学，名为贝满女子中斋，美国基督教公理会办的学校。父亲了解教会学校，认为他们教学认真，英语口语纯正，便对女儿说，去贝满上学也好！

海军少将这个决定对女儿的成长十分重要，但海军公主与她在福州上师范预科一样，开始很不习惯：第一天上学便将要交的学费弄丢了，不知道到哪儿去就餐，一天没有吃饭；数学跟不上，作业与考试都不及格；说话山东口音很重，老师与同学都听不太懂她的话，回答问题只能到讲台上将答案写在黑板上，同学们赐她一个外号“侉子”。但谢婉莹毕竟是在大海边与兵营里长大的，性格中坚强的一面便显示出来了，她在很短的时间里，恶补数学，将在预科学过的加减乘除之后缺下的那一段补上来，作文自然没有问题，多次获得100+20的分数，英语与《圣经》课都不在95分以下。任何地方，强者都会受到人们的爱戴，海军少将的公主凭着自己的实力，融入了同学们中间，有两个高她一年与两年的同学，后来与婉莹成了终生好友，一个叫陶玲，一个叫陈克俊。谢婉莹不住校，为走读生，每天由一位高高大大、名叫王祥的车夫，拉着洋车送她到校门口，放学时则又来接她回家。城里的女生都不住校，比住校的外乡学生活泼多了，淘气多了，也会开玩笑，她们会叫谢婉莹为“小碗儿”，也会叫“小谢”。这两个称呼大概与婉莹南方人的身材与体型有关，个儿小、瓜子脸蛋、苗条、秀气，“小碗儿”“小谢”便有了昵称的味道，可见后来她已经被同学们喜欢上了。

在贝满上学，虽然学校并不强迫学生入教，但圣经课是必上的。系统地学习、熟知《圣经》，对冰心日后的生活、信念与创作，都产生了重要影响，但在当时，她却心存隔膜甚至抵触。“圣经课对我本来是陌生的，那时候读的又是《列王纪》，是犹太国古王朝的历史，枯燥无味。”尤其是星期天的“查经班”，学校将非基督徒的学生不分班次地编在一起，由协和女子书院的校长麦美德教士给她们讲半小时的圣经故事，然后到公理会教堂做礼拜。“查经班”和做礼拜，对谢婉莹都是负担，一到星期天，她就想着要和父母亲、弟弟们在一起，或者帮助母亲做些家务，便常常托故不去。但渐渐地，尤其受高年级好友陶玲和陈克俊的影响，她在接受友情的同时，也在接近上帝：“我们的《圣经》课已从《旧约》读到了《新约》，我从《福音》书里了解了耶稣基督这个‘人’。我看到一个穷苦木匠家庭的私生子，竟然能有那么多信从他的人，而且因为宣传‘爱人如己’，而被残酷地钉在十字架上，这个形象是可敬的。”[1]此时冰心并无信仰，在她心目中，耶稣尚是一个人之子，而不是一个神之子。

现代科学中的基础课，数学、物理、化学、英语等，谢婉莹在四年中学的课程均取得了优异成绩，包括体育。体育老师是美国人，下肢运动这样下口令：“左脚往左撇，回来！右脚往右撇，回来！”为了使劲儿忍着笑，孩子们把嘴唇都咬破了！除课程之外，谢婉莹得到锻炼最大的是演讲，这在国人办的学校是体验不到的：

在贝满还有一个集体活动，是每星期三下午的“文学会”，是同学们练习演讲辩论的集会。这会是在大课堂里开的。讲台上有主席，主持并宣告节目；还有书记，记录开会过程；台下有记时员，她的桌上放一只记时钟，讲话的人过了时间，她就叩钟催她下台。节目有读报、演说、辩论等。辩论是四个人来辩论一个题目，正反面各有两人，交替着上台辩论。大会结束后，主席就请坐在台旁旁听的教师讲几句评论的话。我开始非常害怕这个集会。第一次是让我读报，我走上台去，看见台下有上百对的眼睛盯着我看，我窘得急急忙忙地把那一段报读完，就跑回位上去，用双手把通红的脸捂了起来，同学们都看着我笑。一年下来，我逐渐磨练出来了，而且还喜欢有这个发表意见的机会。我觉得这训练很好，使我以后在群众的场合，敢于从容地作即席发言。[2]

①《我入了贝满中斋》，《冰心自述》，第61、64页。
②《我入了贝满中斋》，《冰心自述》，第63页。

琴、棋、书、画，是旧时培养才女的四项标准，一些大家闺秀常常具备这些涵养。翻开一部《红楼梦》，金陵十二钗哪一位不是才艺双全，琴、棋、书、画样样精通？所以，富家女子是否接受仕途教育不一定，但培养她们的才艺却较普遍。谢婉莹在童年时代便有了耳闻目濡，在她进入少女时代，家庭更是有意培养。这个任务不是由她的父母亲完成，也不是请了琴师、画家面授，而是由革命党人、小舅舅杨子玉来完成。杨子玉此前已从唐山路矿学校毕业，并且回到家乡福州参加福建的光复之役，辛亥革命之后，也到了北京，一方面从事有关的革命活动，一方面参加铁路的测量工作。杨子玉在北京，谢家便是他的基本落脚点，而要将婉莹培养成才女的工作便由他承担。他鼓励婉莹学写字，给她买了许多字帖，还说要先学颜真卿，以后转学柳宗元，再学赵孟頫；给婉莹买了颜料和画谱，劝她学画；买了很讲究的棋盘和黑白棋子，教她下围棋，通俗易懂地启发她："围棋不难下，只要能留得一个不死的口子，就输不了"；他还送给婉莹一架风琴，在婉莹初入贝满中学时，交了学琴的费用。冰心虽然说她自己与琴、棋、书、画结不上缘，但实际上这些教育让她受用一生，给她优雅的人生之途平添了许多色彩。比如她的字清秀隽永，中年之后向她求字者众，留下的书法作品，给她的喜爱者、研究者不尽的喜悦。

1914年至1918年，谢婉莹上贝满中斋的四年间，社会动荡，政坛像走马灯似的变化无常，翻翻这几年的大事记便可知晓，第一次世界大战爆发，日军侵占山东济南、青岛，袁世凯称帝，袁死后黎元洪任总统、张勋复辟、段祺瑞执政等等，这些都不可能不影响到哪怕是美国人办的学校，影响到一个女学生平静的校园生活。就在婉莹入校的第二年，日本政府向袁世凯提出了吞灭中国的“二十一条”，袁世凯为了换取日本对他的支持，竟然接受了日本的要求。显然，这种出卖国家与民族的行为，遭到了全国人民的强烈反对，各地掀起了大规模的讨袁抗日爱国运动。贝满女校的同学也是群情激愤，冲出校门，与全北京的学生一起，涌入中央公园（今中山公园）。谢婉莹走在贝满游行的队伍中，带队是斋四同学李德全，学生会的主席，在万人如海的讲台上，李德全慷慨陈词，说：“别轻看我们中国人！我们四万万人一人一口唾沫，还会把日本兵淹死呢！”集会后，婉莹交上了爱国捐，并与同学一道宣誓不买日货。婉莹满怀悲愤地回到家里，见到父亲沉默地在书房墙上贴上一张白纸，上用岳飞笔迹横写着“五月七日之事”六个大字。婉莹与父亲默默地站着，发誓永远不忘这个国耻日！另一次是张勋的辫子军进京，辫子军纪律极坏，为了防止家人被骚扰，海军少将不得不将家眷送到外地避难。他选择了烟台，那里还有他的部下与朋友，于是婉莹在母亲的庇护下，从塘沽乘船，到了烟台，躲过了十二天的复辟闹剧。如此的经历，在中国的知识分子身上早早地烙下了时代与社会动荡的印记，从而引发出庄重的使命感与责任感。

晚年的冰心认为，贝满中斋四年，是“扎扎实实”的四年，在走出少女烦闷期的同时，还约束了她的“野性”。她在毕业考试中得了最高分，按照校规，应届毕业生中的最高分者，要在毕业会上致“辞师别友”的演讲，要编写歌词，在毕业会上演唱。这些，谢婉莹都做得很到位，但她并无得意，反倒有了感伤，因为全班十八个人当中，大部分是从各地教会中学升上来的，毕业后都要回到母校去教书，能够继续升学的只有她和吴楼梅等四人。

九 “五四”惊雷，震上文坛

谢婉莹从贝满中斋毕业后，虚岁十八，按照中国传统习惯，正是谈婚论嫁的年龄。若又从门阀观念而论，海军少将的公主一定得有一家门当户对的亲事，为此，谢家早该张罗着挑选乘龙快婿了。与冰心既是同乡也是同时代的黄英（庐隐），比冰心晚一些的丁玲、萧红等，无一不是家庭早早就为其安排婚事。冰心真是幸运，在那个时代，父母既没有为她裹脚，也没有要她遵父母之命，行媒妁之言，而是由着她自由发展自己做主，纵在21世纪的中国，也还属文明家庭之举。

虽然冰心读了那么多古今中外的小说，虽然写过好几部并不成功的小说，虽然她是那样沉迷于文学与古典诗词，但她在读中学时，完全被国语老师坏了胃口。那时教会学校的国语老师，多半是前清秀才或举人，讲的都是她在家塾里或自己早就读过的古文，讲书时也不会旁征侧引，十分无趣，但数、理、化对她来说却是趣味无穷。所以，在进入大学时，谢婉莹并没有向文，而是选择学医。传统的中医行业，女子行医几乎没有，现代西医，20世纪初叶的中国，也鲜有女性，谢婉莹的选择从表面看来，极富挑战意味，但实际上，她仅仅是出于一个理念，即“为母亲看病”。母亲多病，到北京之后，父亲坚持改看西医。西医无把脉之说，但要用听诊器听病者的心肺，请到海军少将家为谢太太看病的西医为男性，母亲非常不习惯，不肯让医生听诊，就是隔着厚厚的棉衣，也只给一个背影。医生很难听到什么，一脸无奈。看到母亲的病痛与窘境，站在一旁的女儿暗下决心，长大学西医，为母亲看病。

谢婉莹升入的是协和女子大学理预科，第一天跨入校门的情境，让她记了一生：

> 我是在夏末秋初，进了协和女子大学的校门的，这协和女大本是清朝的佟王府第，在大门前抬头就看见当时女书法家吴芝瑛女士写的“协和女子大学校”的金字蓝地花边的匾额。走进二门，忽然看见了由王府前三间大厅改成的大礼堂的长廊下，开满了长长的一大片猩红的大玫瑰花！这些玫瑰花第一次打进了我的眼帘，从此我就一辈子爱上了这我认为是艳冠群芳、又有风骨的花朵，又似乎是她揭

◎在协和女子大学理预科的教室前。

开了我生命中最绚烂的一页。[1]

跨进大学校门，揭开了生命中最绚烂的一页确实没错，但谢婉莹绚烂的一页并非开放在协和女子大学，并非开放在医学上，而是开放在燕京大学，开放在文坛中。

如果将谢婉莹升入大学的时间圈定在1918年9月，那么，九个月之后，即1919年5月，中国的历史上翻开了最富有现代意义的一页。五四运动的爆发，改变了中华民族的命运，改变了中国社会的走向，也改变了无数的青年学子的命运与走向。女大学生谢婉莹便是被这个空前壮阔的运动卷入其中，并且在激流中寻找到了自己的位置，散发出最绚烂的光彩。

协和女子大学不在5月4日游行的队列里，谢婉莹当天也不在学校，而是在外国使馆区东交民巷的德国医院中看护生病的二弟。在听说五四运动的情况后，她"又是兴奋又是愤恨"，心在激昂地跳，"窗外刮着强劲的春风，槐花的浓香熏得我头痛"！"'五四'这一夜，我兴奋得合不上眼"。谢婉莹当时并没有在现场，没有亲身感受，只是听了女佣与亲戚的描述，便有如此激动的情绪，这大概与她在烟台养成的男儿性格有关。

"五四"这一夜，我兴奋得合不上眼，第二天就同二弟从医

①《我的大学生涯》，《冰心自述》，第66页。

院回家去了。到学校一看，学生自治会里完全变了样，大家都不上课了，都站在院子里面红耳赤地大声谈论，同时也紧张地投入了工作。我们的学生会是北京女学界联合会之一员，我也就参加了联合会的宣传股。出席女学界联合会和北京学生联合会的，都是些高班的同学，我们只做些文字宣传，鼓动罢课罢市，或对市民演讲。为了抵制日货，我们还制造些日用品如文具之类，或绣些手绢去卖。协和女大是个教会学校，一向对于当前政治潮流，不闻不问，而这次波澜壮阔的爱国力量，终于冲进了这个校园，修道院似的校院，也成了女学界联合会代表们开会的场所了。同学们个个兴奋紧张，一听见什么紧急消息，就纷纷丢下书本涌出课堂，谁也阻挡不住。我们三五成群地挥舞着旗帜，在街头宣传，沿门沿户地进入商店，对着怀疑而又热情的脸，劝说他们不要贩卖日货，讲着人民必须一致奋起，反对日本帝国主义的侵略压迫，反对军阀政府卖国行为的大道理。我们也三三两两地抱着大扑满，在大风扬尘的长安街，在破敝黯旧的天安门前，拦住过往的人力车，请求大家捐些铜子，帮助援救慰问那些被捕的爱国同学。我们大队大队地去参加北京法庭对被捕学生的审讯。我们开始用白话文写各种形式的反帝反封建的文章，在各种报刊上发表。[1]

①《回忆五四》，《冰心自述》，第77页。

这一段自述，时间的长度大致是5月5日至8月21日。这中间还有一个暑假，尤其是各校为了防止学生“闹事”，5月底便开始放假，但在北京城里的学生依然进行着运动。尤其是谢婉莹，作为学生会的干部、女学界的代表，继续参加学生运动。暑期的谢婉莹还参加了北京地方法庭对北大学生案的审判。事后，她将这次听审的经过与感想写成了文字，寄给了《晨报》。四天以后，即8月25日，北京最有影响的《晨报》以“女学生谢婉莹投稿”的署名，全文发表了她的文章——《二十一日听审的感想》。

这是一篇只有一千三百字的短文，但却是谢婉莹第一篇被印成了铅字的文章，虽为时作、杂感，但从感情的取向到文字的清新，都有着鲜明的“五四”气息，所以一直被视为冰心的处女作。九天之后，“女学生谢婉莹”在《晨报》上又发表了另一篇文章《“破坏与建设时代”的女学生》，这几乎是一篇冰心行将登上文坛的女性观与人生观的宣言。这篇文章的观念之成熟，很难想象是出自一个年仅十九岁的女大学生之手。

当然，仅仅是发表一两篇对重大事件描写或表态观念的文章，也许还不能体现作者的文学才华，但谢婉莹身边有一个重要的人物，他就是时任《晨报》编辑的刘放园，一个给谢家赠送《晨报》的学者，一个比谢婉莹大了近二十岁的表兄，一个将小表妹引向文坛的伯乐。《二十一日听审的感想》便由他编发，让他惊奇的是，这个平时给自己端茶递烟的小表妹，竟然能写出如此清新的文字！而在当时，读书的女性不多，能写作的女性更是凤毛麟角，一个女作家呢？刘放园当然明白它的意义！于是，他不仅给谢家赠送《晨报》，还不断地寄来《新潮》《新青年》《改造》等十几种新出的杂志与书籍。这一下又扩大了婉莹的新文学视野，从这些书报上，她知道了杜威和罗素，也知道了托尔斯泰和泰戈尔，并且懂得小说里有哲学，有社会问题与矛盾等。一时间，她喜欢小说的心情又显著地浮现出来。而时不时来谢家大院与父亲对饮的表兄刘放园，竟然在父亲的面前表扬她能写，鼓励她可以尝试着写一些白话小说。放园表兄的话，对婉莹有着直接的点拨作用，之前她写小说不顺畅、不成功，可能与自己受文言小说影响有关，放园表兄的“点拨”，让她想起了《说部丛书》，想起了《新青年》杂志上鲁迅等人的小说，白话小说也许不仅是一种时尚，还可能更适合自己。

于是，在一个初秋的晚上，谢婉莹洗漱完毕，像要上床睡觉的样子，悄悄地关上了房门，在南窗下的小桌上，铺上了稿纸，磨墨，试了几管小楷，最后留下一管，在荣宝斋的竖格宣纸上，写下了四个娟秀的小字：两个家庭。

以下的文字便飞快地流出：

前两个多月，有一位李博士来到我们学校，演讲“家庭与国家关系”。提到家庭的幸福和苦痛，与男子建设事业能力的影响，又引证许多中西古今的故实，说得痛快淋漓。当下我一面听，一面速记在一个本子上，完了会已到下午四点钟，我就回家去了。

这个现在看来似乎平淡、没有多少特别的开头，其叙述的角度与句式，也说不上有什么过人之处。但上推至20世纪的初叶，则让人耳目一新，风格别致而新颖。白话与“我”的艺术视角，探讨家庭的幸福与痛苦的社会问题，叙述方式与探讨的主题，便具有开创性的现代意义。要知道，章回体的小说、《小说月报》中的小说，没有这种格式与叙述方式，多为全知全能、纯客观的描写。这个第一次写白话小说的女大学生，从“我的叙述”落笔，开始了她的小说创作，并且将叙述的视角伸向了当下的现实：“我”所见到的陈华民一家，“我”所见到的三哥与亚茜一家，两个家庭中的男人虽同为留英同学，但由于家庭环境与各自太太的“好”“坏”，竟然致使一个男人走向新生，另一个男人走向毁灭，从而显示出家庭与女性在事业中的意义。

> 三哥坐一会儿，便回去了，我送他到门口，自己回来，心中很有感慨。随手拿起一本书来看看，却是上学期的笔记，末页便是李博士的演说，内中的话就是论到家庭的幸福和苦痛，与男子建设事业能力的影响。[①]

这是小说的结尾，叙述的完整性、思考的新颖性与深刻度，得到了圆满的开合转承，很难想象，这是一篇出自第一次拿起笔来用白话

①《两个家庭》，王炳根选编《冰心文选》（小说卷），福建教育出版社2007年版，第11、21页。

写作的女学生之手的作品。

小说誊清之后，如何署名？她不想再用“女学生谢婉莹”了，她怕人知道自己写小说，那就用幼时姑母为自己抽签得来而从未用过的——“珠瑛”吧，可也觉得不好，姑母说这个名字是寄在吕洞宾名下的，封建色彩很浓。想了一会，最后落上了“冰心”二字。写好后再看看，觉得不错，这两个字简单好写，对同学、熟人，是个陌生的名字，不会被人取笑，而“冰心”也有了“婉莹”中“莹”的含义。第二天，表兄刘放园来谢家与父亲喝酒论道，临走时，婉莹红着脸将封好的小说交给表兄。

三天之后，《两个家庭》在《晨报》第七版“小说”的栏目下，以连载的方式赫然刊出，署名为“冰心女士”。[①]“在报纸上看到自己的创作，觉得有说不出的高兴。”实际上高兴的还不仅仅是冰心，《晨报》兴奋的程度可能不亚于作者本人。发现新文学中一个有才华的青年作家，对报纸的发行与影响，也许是不可估量的，所以，不惜版面，一连用了五天连载这篇小说。编辑还稍嫌“冰心”二字较为中性，为了突出女性，加上了“女士”二字。于是，“冰心女士”连续五天在北京影响最大的报纸上出现，走进了千家万户。

半个月之后，冰心以家庭为场景，描写父子两代人在参加学生运动上的矛盾与冲突的小说《斯人独憔悴》在《晨报》以六天的时间大篇幅地连载。每天报纸送达谢家，海军少将便寻找女儿的文章，之后

①1919年9月18日至22日，《晨报》分五次连载《两个家庭》。

与夫人争相阅读。在传统文化中，小说不登大雅之堂，轻看以至鄙视小说，是仕途中人常见的事情。没有资料显示海军少将谢葆璋反对、干涉女儿的小说写作，加上刘放园这只背后的推手，时不时都在鼓励她、推动她，前一篇还没有登完，后一篇邀稿的电话便来了，并且总是鼓励，说就按这样的路子写下去，写下去，将身边的问题一一搜罗出来，写到小说里。10月30日至11月3日，《秋雨秋风愁煞人》又在《晨报》连载。

从9月18日至11月3日，前后五十八天，“冰心女士”的名字十六次出现在北京最有影响的《晨报》上，她在五十八天内，写作了两万四千余字，奉献于《晨报》的读者。这个数字，在电脑码字的网络时代，算是小儿科了，但在尚处毛笔时代的20世纪初叶，每天要写近五百字的小楷，仅为字数就了不起了，何况还是一个在校的学生。这年底，她创作的另外两篇小说《去国》《庄鸿的姊姊》也在《晨报》上连载[1]，作品所表达的主题，延续了前三篇小说，即以人物的命运，表达社会问题。从美国留学归来的英士，在“亲爱的祖国”种种不得志的情况下，不得不再次远渡重洋，“太平洋浩浩无边的水，和天上的明明的月，还是和去年一样。英士凭在阑干上，心中起了无限的感慨”。他万万没有想到的是，去年一腔热血回国，一年后又不得不怅怅地“去国”。所以，他在船上对妹妹说：“我盼望你回去的时

①《去国》，《晨报》1919年11月22日至26日连载；《庄鸿的姊姊》，《晨报》1920年1月6至7日连载。

候的那个中国，不是我现在所遇见的这个中国”，[①]改良的心情在怅然中显得有些乏力，但也是真切的企盼。

五四运动那一年，即是1919年半年多的时间内，用冰心自己的话说是：“几乎每星期有出品”，并且定位于“多半是问题小说”。[②]如此看来，“问题小说”并不是后来评论家对冰心作品的概括，而是她自己一开始便有的思考。成为“冰心”之后，表面文静的小婉莹，着了魔似的，脑袋瓜里装的都是看来的、听来的、了解到或早存心底的各种问题与人物，构思成熟后便成了小说，这就是她自己所说的青春期“一心只想做小说”的状态。来年一开春，便有了《一篇小说的结局》[③]《世界上有的是快乐……光明》[④]。前者中的“俊如女士，是一个很有思想的女学生”，几乎是冰心的自我写照。“想做一篇很快乐的小说”，因为之前所做的小说都有些悲切，都不怎么快乐，她在接受这个批评的时候，想做一篇快乐的小说，但写了下去，又是一篇更加凄黯可怜的小说，老太太不是与战场上的儿子团聚，而是永远地分离。冰心在小说中显示了这样的真实——主观的愿望与残酷的现实之间有时便是一道鸿沟，她无法听从劝告，作出“欢乐颂”的文章。后者仅从题目上便可看出创作者的意图，作品中的主人公凌瑜，虽然在烦闷悲苦到了极点时起了自杀的念头，虽然在“天使的影子”

①《去国》，《冰心文选》（小说卷），第56页。

②《我的文学生活》，《冰心自述》，第110页。

③《晨报》1920年1月29日。

④《燕大季刊》1920年第1卷第一期。

的指引下走向光明，但那毕竟是一种虚幻，世界上的光与爱，需要“青年自己去寻找”。

如何寻找？冰心无法在作品中指出来。

这个时候的冰心，稍稍偏离了一下眼前的现实，回到烟台与福州童年的世界里，但是依然没有欢乐，《一个兵丁》《还乡》《一个军官的笔记》《三儿》《鱼儿》《一个不重要的兵丁》等，便是对这个童年世界的描述，同时也是悲切与痛苦。这些描写借助了童年回忆。她自己认为，这些回忆又渗入了一知半解、肤浅零碎的哲理，与问题小说的写作也是一脉相承的。

十　弃医从文

华北协和女子大学于1920年3月正式并入燕京大学，成为燕京大学女校。谢婉莹自1918年秋天进入协和女子大学理预科学习，至1920年夏天，应该完成了预科的课程，秋天即可正式进入大学了，实现当医生的梦想。但是，这个梦想未能成真。预科的完成，不仅需要考试，还需要参考平时实验的成绩。凭着谢婉莹的聪慧，考试应无问题，但是实验的课却是过不去的。五四运动那一段时间，由于上街游行、演讲、宣传，还有赈灾募捐，她落下了一些解剖实验课，其他的课尚可补上，解剖实验课无法弥补，不可能将一只等剖的兔子放置几天，也不可能为了一个学生的补课而另外解剖一只兔子。实验课是理预科的基础课，实验课的缺席，对升学意味着什么？同时，她的肺部也被发现有阴影，这也意味着不能当医生。

立志学医的理预科学生谢婉莹走到了人生的十字路口，是继续学医还是学文？学医，在预科还得多呆一年，而学文，原本无准备，由于在五四运动中有出色的表现，便有了优势：仅是小说便已发表了15篇，且都登在《晨报》上，而在《晨报》改版一周年的庆典时，竟然有这位十九岁女学生写的纪念文章，与胡适、鲁迅、周作人在同一个版面上①。当时燕京大学国文系主任是陈哲甫，又是燕大季刊的编辑，对谢婉莹自是熟悉。因而，在经过慎重考虑并征得父母亲同意后，婉莹表达了希望转入国文系的愿望，不仅受到了欢迎，而且跳过一年级，直接升入本科二年级，与贝满中斋比自己高一届的陶玲、黄世英成了同班同学。

从此，中国少了一名良医，却多出了一位作家，一位家喻户晓的女作家。

◎燕京大学女校。

并入燕京大学、弃医从文的谢婉莹，可以说是进入了一个自由的世界。功课与理预科相比，轻松多了，依然可以不住校。有的课程，如“社会学”“心理学”等，依然可以在女校上课，而有的课程，如“哲学”“教育学”则要到男校上课，从中剪子巷到燕大男校所在地崇文门内的盔甲厂，比到女校所在灯市口佟府夹道要远得多，但海军少将谢葆璋家有专车，每天由高高大大的王祥拉着那辆漂亮的洋车，将海军公主送到男校或女校的门口，婉莹便会趁着没有熟人时下了

①1919年12月1日《晨报创刊周年纪念增刊》“文艺栏”刊发纪念文章的排列次序为：胡适《周岁》，冰心女士《晨报……学生……劳动者》，鲁迅《一件小事》，俄国人库普林作、起明译《圣处女的花园》。

车，急匆匆地进到校园，有时去教室，有时奔图书馆，有时则到阅览室，有时还可能去临时集合地开会。那时虽然男女合校，但女生到男校上课仍然是一件新鲜事，冰心后来记载了一些细节，挺有意思：

> 当时男女合校还是一件很新鲜的事，因此我们都很拘谨，在到男校上课以前，都注意把头上戴的玫瑰花蕊摘下。在上课前后，也轻易不同男同学交谈。他们似乎也很腼腆。一般上课时我们都安静地坐在第一排，但当坐在我们后面的男同学，把脚放在我们椅子下面的横杠上，簌簌抖动的时候，我们就使劲地把椅子往前一拉，他们的脚就忽然砰的一声砸到地上。我们自然没有回头，但都忍住笑，也不知道他们伸出舌头笑了没有？[①]

进入大学之后，谢婉莹，而不是冰心，成了燕大的活跃分子。燕大有个“学生自治会”，自治会里有许多委员会，除了一个伙食委员会之外，谢婉莹参加了每个委员会——因为她没有住校，自然管不了伙食。在学生会中，谢婉莹负责请名人来校演讲，鲁迅、胡适、吴贻芳……她做主持，开始都由她向同学介绍主讲人，之后便坐在讲台边上静静地听。燕大女校还为附近佟府夹道不识字的妇女们义务开办一个“注音字母”学习班，学生会又派谢婉莹去当校长。于是，她得四处找校舍、招生、请老师，全都一人包办，居然进行得很顺利。开

①《我的大学生涯》，《冰心自述》，第68页。

学那一天，校长“训话”，讲台前坐的都是中年妇女，只前排右首坐着一个十分聪明俊俏的姑娘。课后她就过去和她们搭话。女学生佟志云，十八岁，佟王后裔，识得字，只不过也想学学注音字母。她反问谢婉莹：“校长，您多大年纪了？”婉莹只得笑着说：“反正比你大几岁呢！”想以此保持一点做校长的“尊严”。

那时的学生在服务社会的感召下，热心社会福利与公益的事情，每办一项，都得学生自治会自己筹款。最方便、最容易的筹款，就是演戏卖票！连莎士比亚的《威尼斯商人》《第十二夜》都敢上演，用英文演出。这在今天的大学是不可思议的事情，但当时他们照样上演，照样有人掏钱看戏。

1920年秋天，北方五省遭受百年未遇的大旱。那时，学生的社会责任感强，救国助民亦当己任。燕京大学男女校的“青年会”开展了赈灾义演活动，将所筹之款全部捐献给灾民。他们选择了比利时剧作家莫里斯·梅特林克的童话剧《青鸟》[①]作为演出的剧目。婉莹不仅参与了剧本的翻译，还在剧中担任了角色。11月27日，在米市“青年会”举行首场演出，七百多个座位，座无虚席，为灾民募捐到一千多元钱。据说，鲁迅陪同俄国盲诗人爱罗先珂来看演出，还写文章说，爱罗先珂先生说某一出戏燕京大学演得比北京大学好得多。为此还引

---

①莫里斯·梅特林克（Maurice Maeterlinck，1862~1949），比利时象征派戏剧家，一生写过二十多个剧本，20世纪初已成为最有影响的剧作家，1911年获诺贝尔文学奖金。《青鸟》通过两个小孩寻找青鸟的故事，反映了作者对穷人的同情、对现实与未来的乐观和憧憬。冰心说，这是她第一次接触到童话剧。

起了一番争论，北大同学说爱罗先珂先生是个盲人，怎能“看”出演出水平的高低？

为了这次赈灾，为了践行燕京大学“以真理得自由而服务”的校训精神，婉莹和她的同学，三人一组，抱着扑满，走向北京的街头，在天安门、东单、西单，在行人多的地方，站在12月的寒风中，向行人募捐、请行人施舍，直到自己都被冻僵了。当各路人马回到学校，将扑满砸开，面对那白花花的钱币时，暖流才回到了自己的身上。海军少将的女儿，从来没有为自己的吃喝而发愁过，也没有做苦力的经历，但此时，她觉得兴奋。当这个赈灾活动结束后，燕京大学出版了《燕大青年会赈灾专刊》，冰心撰写了发刊词。

北京大学在五四新文化运动中涌现出诸多的领袖，同时，学生所办的《新潮》等刊物也影响极大。由于司徒雷登一心要将燕大办成一流的大学，他在草创之初忙于聘请教师、募集资金、选择校园的同时，仿效北大，放手让得风气之先的学生编辑出版刊物，刊名就叫《燕大季刊》，逢3月、6月、9月、12月出版。编辑委员会中的许地山、瞿世英、熊佛西来自男校，女校便由谢婉莹一人代表，陈哲甫教授算是来自教师方面的代表。

《燕大季刊》实际上就是本校学生的刊物，提供自由发表意见、主张、思想与作品的园地，但创刊之初，几无稿件，更不要说为新文化运动助威呐喊。司徒雷登完全没有精力来管理刊物，他能做的就是保障刊物出版的经费，文章之事，全部拜托给了编委会。因而，许地山、瞿世英、熊佛西、谢婉莹他们的责任特别重大，组不到稿，便自已写，将版面填满。创刊号3月出版，协和女子大学与燕京大学合并之事，自然也是刊物的重头戏，内容自然丰富，但出版一期之后，1920年的暑期临近，季刊的第二期（6月）、第三期（9月），均在暑期中。刚创刊的刊物，既无来稿也无积稿，同学大多不在北京，恰又遇上了直皖战争爆发，邮路也不通，刊物“几乎要入枯鱼之肆了”。这个时候，已经决定转入国文系的女生谢婉莹“独任其难”，不分白日黑夜地写稿，仅《燕大季刊》第1卷第三期（9月出版），便有她七篇文章，其中有散文《遥寄印度哲人泰戈尔》、散文《画——诗》、小说《一个忧郁的青年》、杂感《译书的我见》《解放以后责任就来了》《怎样补救我们四周干燥的空气》，以及与瞿世英合作的社会调查《北京社会的调查》。全部署名为谢婉莹或婉莹，只有《遥寄印度哲人泰戈尔》用了“阙名”，“冰心”二字仍未露面，她还是不想让燕大的同学知道谢婉莹便是冰心女士。下一期，仍然是以婉莹的名字刊文六篇：杂感《圈儿》《我》，诗《影响》《天籁》《秋》，论文《文学家的造就》。

转入国文系的谢婉莹激情喷发，写作不再是副业，平时心思都在上头，写小说，写诗、写杂感，随手拈来皆成文章。有时抬头望望天空，秋高气爽，谢婉莹觉得阳光好灿烂。

十一　加入文学研究会

“文学研究会”1921年1月4日在北京成立与《小说月报》1921年1月在上海改版，是中国现代文学史上两个重大历史事件，而这两个重大事件却是同一班人马在北京与上海两地发起的，可见当时新文学力量的影响与活跃。文学研究会发起最积极的联络人是郑振铎，当时他还是铁路管理学校的学生，自然也是五四新文化运动的活跃分子，因为时常与一些作家、学者联络，萌生了成立一个文学社团的念头。于是，他四处联络到了最初的十一位发起人：周作人、朱希祖、耿济之、瞿世英、王统照、沈雁冰、蒋百里、叶绍钧、郭绍虞、孙伏园、许地山，包括他自己，共十二人。这些人并非都在北京，其如叶绍钧（叶圣陶）在江苏，沈雁冰（茅盾）在上海，所以文学研究会在北京中央公园来今雨轩成立时，二人未能参加，倒是有些会员参加了，在来今雨轩前的那张照片上有了真实的记载。

文学研究会成立后，郑振铎极想办一个会刊，而此时沈雁冰恰在上海商务印书馆接替王蕴章出任《小说月报》主编，新任主编不是沿袭原《小说月报》消遣性与娱乐性的路子，而是要将其改革为新文学刊物，于是，就想借助刚刚在北京成立的文学研究会的人脉与力量，实现自己的改刊抱负。在这种情况下，远在上海的《小说月报》也就成了文学研究会不挂名的会刊。《小说月报》的沈雁冰通过郑振铎在北京组稿，文学研究会的郑振铎通过沈雁冰在上海发稿，南北合作，一时造成了新文学的风云际会。

谢婉莹未出席来今雨轩文学研究会成立大会，但由于她的创作与文学研究会的宗旨颇为一致，同时，仅在发起人中便有燕大季刊社的瞿世英、许地山，还有早已相识的福建长乐同乡郑振铎，因而，文学研究会第一批会员中便有编号为74号的谢婉莹。

文学研究会成立的宣言，提出带有宗旨性的“三种意思”：一是“联络感情”，二是“增进知识”，三是“建立著作工会的基础”。谢婉莹基本不参加会务活动，但对她的约稿，却能如期完成。《小说月报》革新后的第一期，即12卷第1号，与文学研究会成立同步，实际上稿约在此之前，由郑振铎等人分头进行①。向谢婉莹约稿的是许地山、瞿世英，在燕大季刊社说定。那时，谢婉莹沉浸在《圣诗》的写作氛围中，依据《圣经》写作她的《傍晚》《黄昏》与《黎明》等圣诗，给《小说月报》的稿子不能是诗，但《圣经》的故事与教

①革新后的《小说月报》作为文学研究会的代会刊，解了主编的燃眉之急。沈雁冰在获得了北京方面的支持之后，立即在11卷12号的《小说月报》上，在《本月刊特别启事五》中列出了革新后《小说月报》的创作阵容：“本刊明年起更改体例，文学研究会诸先生允担任撰著，敬请到诸先生之台名如下：周作人、瞿世英、叶圣陶、耿济之、蒋百里、郭梦良、许地山、郭绍虞、冰心女士、郑振铎、明心、庐隐女士、孙伏园、王统照、沈雁冰”，15人的名单，其中就有冰心。

义，依然盘桓于思维里，雨夜清光中，她忽然看见“墙上画中的安琪儿。——这白衣的安琪儿，抱着花儿，扬着翅儿，向着我微微的笑”。这回婉莹的思绪，并未停留于宗教描写，而是迅速转入了尘世，默想中出现了五年前的一个画面：“一条很长的古道。驴脚下的泥，兀自滑滑的。田沟里的水，潺潺的流着。近村的绿树，都笼在湿烟里。弓儿似的新月，挂在树梢。一边走着，似乎道旁有一个孩子，抱着一堆灿白的东西。驴儿过去了，无意中回头一看。——他抱着花儿，赤着脚儿，向着我微微的笑。”又出现十年前的一个画面：“茅檐下的雨水，一滴一滴的落到衣上来。土阶边的水泡儿，泛来泛去的乱转。门前的麦垅和葡萄架子，都濯得新黄嫩绿的非常鲜丽。——一会儿好容易雨晴了，连忙走下坡儿去。迎头看见月儿从海面上来了，猛然记得有件东西忘下了，站住了，回过头来。这茅屋里的老妇人——她倚着门儿，抱着花儿，向着我微微的笑。”冰心想象中的尘世画面与宗教画面虽有所别，但那氛围亦如宗教般澄静，绝对不是当时那种时髦的、描写工农大众笔墨所显示出的苦难与无奈，他们是一个孩子，一个老妇人，但他们又是安琪儿世俗的延伸。于是，便有了如下的言语：

> 这时心下光明澄静，如登仙界，如归故乡。眼前浮现的三个笑容，一时融化在爱的调和里看不分明了。

哪里分得清宗教与尘世？

稿件由郑振铎打包寄往上海，出乎意料的是，冰心那篇简短的《笑》，被主编排在了“创作”栏目中的头条，之后依次是文学研究会诸公叶绍钧、许地山、慕之、潘垂统、瞿世英与王统照的作品。沈雁冰之所以将《笑》排在他革新后期刊的头号、“创作”栏目的头篇，除了冰心以现代白话语言、温婉纯净的笔墨，使得《笑》给人以耳目一新外（与其革新后刊物的面貌相一致），同时还寄寓了他的深意。三个月后，冰心的小说《超人》来了，这回主编不仅将其排在创作栏目的首篇，并且以冬芬的笔名加了一个有些煽情的附注：“雁冰把这篇小说给我看过，我不禁哭起来了！谁能看了何彬的信不哭？如果有不哭的啊，他不是‘超人’，他是不懂得吧！”①也就是说看了这个小说的人都得哭，不哭者便是没有读懂“超人”，可见主编对冰心送来的第二篇作品的器重。在这一年里，冰心给《小说月报》的另外三篇小说——《爱的实现》刊于第7号“创作”栏目头条，以下依次为王统照、朱自清、孙梦雷、落华生、庐隐女士、叶圣陶，而《最后的使者》与《离家的一年》同时占去第11号的头条与次篇。雁冰先生真是厚待冰心女士，不仅给了最大方的版面，而且给了最优裕的位置。冰心女士只要有作品，必排头条！

《超人》发表后，主编沈雁冰再出新招，即从下一号（第12卷第5号）开始，开设“第一次特别征文”，征求读者对冰心女士的《超人》、《低能儿》与落华生《命命鸟》的批评，也就是通过这种与读

①《小说月报》第12卷第4号。

者互动的方式，吸引人们的眼球。这三篇小说，《超人》发表的时间晚于后两篇，但主编开列的征文篇目却排在了第一，“如果加上茅盾对《超人》的附注，很容易看出茅盾对《超人》的青睐，显示了冰心举足轻重的地位。”[①]因而这次征文所得的文章，收到大量的对《超人》、对冰心女士的话语，《超人》的发表也就成了一件当年文坛上轰动性的事件。

①朱水涌、曹小娟：《冰心与〈小说月报〉》，王炳根主编《冰心论集（四）》（下），海峡文艺出版社2009年版，第375页。

十二　泰戈尔与《繁星》《春水》

在燕大校园，谢婉莹是一个活跃分子，在社会上，冰心女士是一个被人广为谈论的女作家，回到中剪子巷的谢婉莹，是谢家大院的“莹哥”。

现在我们放弃一下叙述，进行一次“情景再现”：

灯市口的燕大女校，最后一节课下课的钟声敲响。

婉莹背着书包，独自一人匆匆走到校门口。车夫王祥急忙站起，擦得锃亮的洋车在候，婉莹一把将书包扔了进去，随后一蹬便上了车。西照的阳光，无力地落在了车篷上，王祥忙把车帘放下。拉上车的王祥跑得飞快，一会便进入东黄城根南街，右拐进入大佛寺东街，前面便是一条又一条的胡同了——西扬威胡同、山老胡同、利薄营胡同、铁狮子胡同，最后拐入中剪子巷。一路上，婉莹有时掀开左边的车帘，远远地望一眼金碧辉煌的皇城，看看高耸的景山与北海的白塔寺。

洋车在中剪子巷十四号的门楼前停下，“吱呀”一声推开门，弟弟们玩的秋千架迎立眼前，刚刚要弄过的刀枪剑戟堆了个满地，父亲种的秋海棠在墙角的花盆中盛开，婉莹一声赶一声地唤着：“小小——”、“杰弟——”、“涵弟——”[1]。于是，平静的谢家大院又热闹了起来，三个弟弟从不同的房间冲到院子里，围着抱着一天未见的姐姐，叫着“莹哥”，告诉她这告诉她那，一天发生的事情，都要争着说。这时母亲便会出现在台阶前，婉莹亲切地叫一声“翁妈”。弟弟们继续缠着姐姐不放，翁妈便会让各自的保姆与奶妈带他们回屋。

这时，门又推开了，海军少将谢葆璋从海军衙门下班了。王祥的车在接回婉莹之后，便又到铁狮子胡同北京政府海军部，等候军学司长。谢葆璋的海军衙门离住宅只一箭之地，一会儿便到，所以，长期以来，父女俩由王祥一辆车接送，彼此都不耽误。冰心见到父亲，叫了声“爹爹”，便随父亲来到书房，接过父亲脱下的军装，整齐地挂在了衣帽架上，待仆人端上热水，稍做盥洗后，便是晚餐的时光了……

餐桌上自然有很多的话题，每天都不一样。冰心在这里听到了父亲衙门里的故事，她的一些问题小说的素材便取自于此。晚餐后，父亲回到书房，或是喝茶读书，或是与朋友聊天，母亲要管理一些家务，弟弟们则还要与姐姐在一起多待一会，或者看一些刚刚出版的报刊。

五四运动之后，中国文化空前活跃，西方的各种思想、观念、思潮、文学作品大量涌入，五四运动不仅是一场社会与政治的运动，

---

①分别为冰心对三弟谢为楫、二弟谢为杰和大弟谢为涵的昵称。

更是一次思想解放的运动，马克思、易卜生、杜威、罗素、托尔斯泰、契诃夫、泰戈尔、尼采等，分别由英文、俄文、日文翻译成了中文，摆在了国人的面前。由于没有先前之见，没有主流意识形态的介入，甚至没有权威的指点与阐释，任何人都有接受的自由、选择的自由、思想的自由以至创造的自由。冰心就是在这样一个大的环境下，在她的中剪子巷三合院中的北屋南窗下，贪婪地阅读，自由地吸收。她说，大学的课程她在学校完成，回到家便是自己的世界、自由的天地。她不必为家事分心，也不必为油盐柴米担忧，享受着双重的自由，社会的自由与家庭的自由。在这个自由的天地，冰心与泰戈尔相遇了，并且很快就进入了他的世界，喜爱上了他的诗，同情着他的人生，并且认为自己与泰戈尔在“梵”中合一了。

在去年秋风萧瑟、月明星稀的一个晚上，一本书无意中将你介绍给我，我读完了你的传略和诗文——心中不作别想，只深深的觉得澄澈……凄美。

你的极端信仰——你的“宇宙和个人的灵中间有一大调和”的信仰；你的存蓄“天然的美感”，发挥“天然的美感”的诗词，都渗入我的脑海中，和我原来的“不能言说”的思想，一缕一缕的合成琴弦，奏出缥缈神奇无调无声的音乐。

泰戈尔！谢谢你以快美的诗情，救治我天赋的悲感；谢谢你以超卓的哲理，慰藉我心灵的寂寞。

这时我把笔深宵，追写了这篇赞叹感谢的文字，只不过倾吐我的心思，何尝求你知道！

然而我们既在“梵”中合一了，我也写了，你也看见了。①

在一个8月初秋的夜晚，一个十九岁的中国姑娘在她的窗前，写下了她对印度哲人泰戈尔的感想。“遥寄”也是一种寄，并且是一种在“梵”的世界中可以看得见的寄语。

从冰心后来的情况看，当时读的哪一本书也许并不重要，重要的是她走近了泰戈尔，泰戈尔也救治了她。也就是说，冰心是在外来世界大量涌到面前时，选择了兼具宗教思想家、哲学家、诗人、小说家与戏剧家的泰戈尔。冰心对泰戈尔的接近与喜爱，亦如鲁迅对尼采、胡适对杜威、巴金对克鲁泡特金，怎么评价都不为过。泰戈尔之于冰心，是思想启蒙者、文学观念的来源与组成部分、翻译作品的资源、小诗写作的引路人等，最为显性的影响，便是直接催生了《繁星》与《春水》。

让我们再做一次情景再现：

北京中剪子巷寒冷的冬夜，婉莹和她的弟弟们围着火炉，阅读着泰戈尔的《迷途之鸟》（Strary Birds）。因为是英文本，冰心得随时翻译并读给弟弟们听，十三岁的大弟弟忽然想起姐姐平日里的话，便兴起地对姐姐说：“你不是常说有时思想太零碎了，不容易写成篇段

①《遥寄印度哲人泰戈尔》，《冰心全集》第1卷，海峡文艺出版社1994年版，第115页。

么？其实也可以这样收集起来。”姐姐果然受到启发，从那时起，只要有诗意、有哲理的想象，她便记在一个小本子里。

童年呵！
是梦中的真，
是真中的梦，
是回忆时含泪的微笑。

夜里，忽然忆起烟台的童年，有了一些句子，便写在了那个小本子上；早上起来，照着镜子，忽然感觉不怎么自然，也将这段话写在了本子上：

镜子——
对面照着，
反而觉得不自然，
不如翻转过去好。

人类呵！
相爱罢，
我们都是长行的旅客，
向着同一的归宿。

这里没有具象，却是有些韵味，便在王祥的车里涂鸦起来；回家见到母亲，发现她脸上的忧愁，便悄悄地记下这么几句话：

> 母亲呵！
> 撇开你的忧愁，
> 　容我沉酣在你的怀里，
> 只有你是我灵魂的安顿。[①]

整个一部《繁星》，164首，基本都是这样产生的，随意、自由、轻松，绝对没有那种“语不惊人死不休”，或者“推”还是“敲”之类的中国传统诗歌写作的故事。

从1919年寒冬至1921年年底，这种零星的写作积累了两年，1922年新年的第一天，在《晨报副镌》编辑上门邀稿时，才被唤醒，开始以《繁星》集束，陆续发表。冰心女士的新作，以《繁星》命名的小诗，自然可引起读者的注意，而鲁迅的《阿Q正传》自1921年12月4日也开始连载，直到1922年2月12日登完，《繁星》从1922年1月1日至26日，164首小诗刊登完毕，与《阿Q正传》后四章同时出现在《晨报副镌》上。《繁星》的幸运还不仅于此，北京《晨报副镌》连载尚未结束时，上海《时事新报·学灯》自1月18日也开始连载，南北两大名

①以上分别为《繁星》之二、六、十二、三十三。《冰心文选》（诗歌卷），第11、13、15、19页。

城、古老与现代的两座都市，《繁星》闪烁，交相辉映。[①]

一部不经意的诗集，两地连载，全国开花，这对一个仅有二十一岁的女大学生而言，是一个多么了不起的鼓励呀！那一段时间，冰心时常可以在同学中听到对《繁星》的议论，阅览室里，有的同学总是直奔《晨报副镌》中的《繁星》而去，吴文藻所在的清华学校，竟然有人将连载的报纸开了天窗，每一首《繁星》都剪辑下来，最后以宣纸将其装裱。而在谢婉莹的内心，仍然有许多“零碎的思想”，从而又催生了《春水》。

依然如《繁星》的开头，将“春水”二字置在首行：

春水！

　又是一年了，

　还这般的微微吹动。

可以再照一个影儿么？

春水温静的答谢我说：

“我的朋友！

　　我从来未曾留下一个影子，

　　不但对你是如此。”

---

①《晨报副镌》、《时事新报·学灯》与《民国日报·觉悟》，是五四时期著名的报纸副刊，在中国新文化运动中产生过重大影响。郭沫若新诗《凤凰涅槃》最初便发表于宗白华主编的《时事新报·学灯》上。

“可以再照一个影儿么”，表示《春水》承接了前一部诗的形式、情感与内容。从3月5日（1922年）起笔，到6月14日完稿，前后一百天，成诗182首。《晨报副镌》从3月21日开始刊登，每日刊登几首，随来随登，没有便隔几天，让读者也期待，直至6月30日刊登最后的第182首，画上了优美的休止符。

《春水》尚在连载之时，刚刚受聘燕京大学任中国文学史课程副教授的周作人先生，应燕京大学文学会的邀请来为学生作演讲。周作人在五四时期与他的兄长鲁迅一样，是重要的文化名人，他来演讲，自然人气旺盛，不仅是文学院，理学院与神学院都来了不少人。周作人除教课、做研究、办刊物之外，自己也写诗，他在1919年写作的长诗《小河》，被胡适评价为“新诗中的第一首杰作”。他对《晨报副镌》连载的《繁星》与《春水》，自然是要关注的，自然也是要发表意见的。6月19日，借了这次演讲的机会，专门谈起了小诗，然后直指冰心：

> 冰心女士的《繁星》，自己说明是受泰戈尔影响的，其中如六六及七四这两首云：
>
> 深林里的黄昏，
>
> 　是第一次么？
>
> 又好似几时经历过。
>
> 婴儿，

是伟大的诗人，

在不完全的言语中，

吐出最完全的诗句。[1]

周作人选了这两首诗作为冰心的代表作。那时他刚来校，知道冰心女士，却不认识谢婉莹，而此时，他的学生冰心女士正在听他的演讲呢！

一年之后，即1923年1月和5月，《繁星》与《春水》两部将永远留在中国现代文学版图中的诗集，分别在上海与北京两地出版，之后，便是未改过一字地一再重版、再版。

在创作大丰收的同时，谢婉莹也完成了大学本科学业。她的毕业论文选择了自己并不熟悉的元代戏曲，想趁写作论文的机会多读些戏曲多看一些文献资料。她的指导老师是周作人，“我把论文题目《元代的戏曲》和文章大纲，拿去给周先生审阅。他一字没改就退回给我，说‘你就写吧’。于是在同班们几乎都已交出论文之后，我才匆匆忙忙地把毕业论文交了上去。”

就在冰心准备毕业论文的时候，英文老师鲍贵思（Grace Bognton）对她说，美国威尔斯利女子大学已决定给她两年的奖学金

①周作人《论小诗》，《晨报副镌》1922年6月21、22日。《春水》在《晨报副镌》连载时，同时有鲁迅翻译的爱罗先珂的剧本《桃色的云》连载，周作人的《自己的园地》，时不时有其新作出现。可以说，《春水》《桃色的云》《自己的园地》是那一段时间《晨报副镌》最受欢迎的栏目。

和每年800美元的学、宿、膳费，让她读硕士学位，并征询她的意见，谢婉莹回答干脆："我当然愿意。"

◎大学毕业时的谢婉莹。

燕京大学1923届的毕业典礼于6月4日举行，有教员与学生五百余人出席，司徒校长两天前从美国赶回来，出席了毕业典礼。此时，他站在礼堂的讲坛上，分别以中文和英文致辞。冰心在晚年则回忆道："在毕业典礼台上，我除了得到一张学士文凭之外，还意外地得到了一把荣誉奖的金钥匙。"[①]而在一个月前，小说集《超人》作为"文学研究会丛书"之一，由上海商务印书馆出版发行。连同诗集《繁星》与《春水》，作为一个刚刚毕业的女大学生，谢婉莹已握有三部著作了。

五年的大学生活（包括理预科两年），谢婉莹以一个女学生的身份，在以优异成绩完成大学本科学业的同时，跻身在文学家之林，成为知名度很高的五四文学的代表性作家，不仅造就了她自己的文学高峰，而且为中国新文学的宝库增添了另一样色彩，使得整个五四新文学呈现出多样性！

①《我的大学生涯》，《冰心自述》，第74页。金钥匙奖（Golden Key Student），是燕京大学中国裴德裴荣誉学会设立的，冰心为第一位获此荣誉的女学生。

十三　别离催生《寄小读者》

自冰心确定前往美国留学的那一刻起，别离的愁绪便笼罩着谢家大院。冰心虽然那时已名声在外，却是一个从未离开过家的孩子，一个没有离开过母亲的女儿；而这个家庭，这座大院，则像是被人取走了他们共同拥有的“一颗明珠”，三个弟弟的依靠与偶像，海军少将谢葆璋与夫人的精神寄托。离愁别绪笼罩谢家大院好几个月，大家心里都明白，却是谁也不曾捅破。但是，随着别离的临近，尤其是7月17日，威尔斯利女子大学的“特别学生”正式录取函寄达谢家大院时，那种离愁别绪便如抽丝飘起，再也忍不下去了。

先是外出与友人告别，回到家中泪痕未干，又要面对沉默无语的母亲。灯光下母亲的针线活，在中国传统文化中有着象征的意义，弟弟们的呆望更让姐姐无法承受，便只得走进自己的房间，关起门来，扶着书架，独自流起了眼泪。有时悲伤袭来，饭也不吃，躺在床上装睡；有时夜来不能入眠，便独至琴房，拧亮琴灯，心不在焉地弹琴，指法错乱，甚至是反复地按着琴键，也不知道什么时候停了。

弟弟们虽然舍不得姐姐离去，却是处在不知愁滋味的年龄，甚至用幻想替代了愁绪：十三岁的小弟弟谢为楫，一日神秘地说：“姊姊，你走了，我们想你的时候，可以拿一条很长的竹竿子，从我们的院子里，直穿到对面你们的院子去，穿成一个孔穴。我们从那孔穴里，可以彼此看见。我看看你别后是否胖了，或是瘦了。”有时，弟弟们还要求姐姐给他们写信，随时报告地球那一边的故事，正是这个要求，促成了中国现代文学史上一部重要作品的产生。

鉴于中国几无儿童读物的状况，冰心多次向《晨报》建议，开辟专栏，为儿童世界的小朋友提供读物。却是没有想到，就在她愁绪满结之时，《晨报·儿童世界》登场了。栏目的开列不仅与弟弟们的要求契合，即将的远行，也使得自己有了写作的素材，而给弟弟们的信扩而大之，便是广大的小朋友、小读者了。愁绪中抱病时，一时懒得动笔的冰心，在看到《晨报·儿童世界》栏目后，立时振作了起来，提笔写信，用的称呼不是“亲爱的小弟弟”，而是“似曾相识的小朋友”，以此显示，冰心已决定将给弟弟们私密性的通信，变为公开的写给小朋友们的文学作品。

离别的情景，冰心自书如下：

外面门环响，说：“马车来了。”小朋友们都手忙脚乱的先推出自行车去，潜拿着帽子，站在堂门边。

我竟微笑了！我说：“走了！”向空发言似的，这语声又似是从空中来，入耳使我惊慑。我不看着任一个人，便掀开帘子出去。

极迅疾的！我只一转身，看见涵站在窗前，只在我这一转身之顷，他极酸恻的瞥了我一眼，便回过头去！可怜的孩子！他从昨日起未曾和我说话，他今天连出大门来送我的勇气都没有！这一瞥眼中，有送行，有抱歉，有慰藉，有无限的别话，我都领会了！别离造成了今日异样懂事的一个他！今天还是他的生日呢，无情的姊姊连寿面都不吃，就走了！……

走到门外，只觉得车前人山人海，似乎家中大小上下都出来了。我却不曾看见母亲。不知是我不敢看她，或是她隐在人后，或是她没有出来。我看见舅母，嫂嫂，都含着泪。连站在后面的白和张，说了一声“一路平安！”声音都哽咽着，眼圈儿也红了。

坐车，骑车的小孩子，都启行了。我带着两个弟弟，两个妹妹，上了车，车门砰的一声关上了。马一扬鬣，车轮已经转动。只几个转动，街角的墙影，便将我亲爱的人们和我的，相互的视线隔断了……

我又微笑着向后一倚。自此入梦！此后的都是梦境了！[①]

对此告别的情景，冰心当时便生感叹：“只这般昏昏的匆匆的一别，既不缠绵，又不悲壮，白担了这许多日子的心了！”颇有一些自嘲的味道了。

①《往事》（二），王炳根选编《冰心文选》（散文卷），福建教育出版社2007年版，第83页。

车出中剪子巷，上了铁狮子胡同，一行车马，浩浩荡荡地向着西直门车站绝尘而去。冰心坐在车中，虽有弟弟为伴，正如她自己所云，依然如在梦境。这个从未离开过家、离开过父母亲的女孩，现在要独自远行，到地球的另一边去，在交通与通讯都不发达的20世纪初叶，虽不能说前途未卜，确有许多的担忧。

位于外西城的西直门火车站，为京包铁路的起点，京津线的火车也从这里发车。这座由留美归来的工程师詹天佑设计建造的车站，形状犹如航船。冰心一行人从马车上下来，进入船形的站室休息等候。由于冰心买的是头等包厢的车票，故有站员引道，优先进入车厢，直至行李安顿好后，自己仍然似在梦中。两个弟弟泪眼汪汪地站在一旁，火车就要开了，也都没有顾得说上句安慰的话，仅仅是用双手托起小小的脸庞，随后又放下，就这样做了最后的告别。

车出天津，便是津浦道了。夜色开始围拢起奔突的火车。冰心关上包厢的车门，室里只她一人，却是怎么也睡不稳，她几次起来挑窗，望着“模糊的半圆的月，照着深黑无际的田野”。车近江南时刻，情绪才变得欢快起来，她说她不再是在梦中了，她清楚地意识到快乐的旅行开始了。于是，在海军少将特意为远足的公主定下的包厢里，“我靠在长枕上，近窗坐着。向阳那边的窗帘，都严严的掩上。对面一边，为要看风景，便开了一半。凉风徐来，这房里寂静幽阴已极。除了单调的轮声以外，与我家中的书室无异。窗内虽然没有满架的书，而窗外却旋转着伟大的自然。笔在手里，句在心里，只要我不按铃，便没有人进来搅我。”

在行驶的小屋里，冰心展开纸，提起笔，写下了“亲爱的小朋友”，记下了沿途的见闻：一路往南，浮云蔽日，轨道旁时有小湫，也有小孩在水里洗澡游戏，小女孩则戴着大红花，坐在水边树底做活计，“那低头穿线的情景，煞是温柔可爱”。车过南宿州至蚌埠，轨道两旁，雨水成湖。“湖上时有小舟来往。无际的微波，映着落日，那景物美到不可描画。”从此之后，上下车人的口音变了，北京、山东的乡音渐远，不免渐渐地心怯起来。

车过南京（即是浦口），是为夜间，在此需要换车，津浦线至此，过渡后便是沪宁线。上下车之顷，可见隔江市区的灯火灿然，还有“长桥下微击船舷的黄波浪”。对苏州的描写，则是极尽诗意画境：“窗外风景，浸入我倦乏的心中，使我悠然如醉。江水伸入田垄，远远几架水车，一簇一簇的茅亭农舍，树围水绕，自成一村。水漾轻波，树枝低亚。当几个农妇挑着担儿，荷着锄儿，从那边走过之时，真不知是诗是画！”火车抵达上海车站，表兄刘放园早在上海安家，专车前来迎接，他的女儿刘纪华等一伙小友，拥着姑姑走出了站台，令冰心生出欢喜来。

十四　横渡大洋的邮轮

她是翩翩的乳燕，

　横海飘游，

月明风紧，

　不敢停留——

在她频频回顾的

　　飞翔里

总带着乡愁！

这是冰心在《往事》（二）中的题词，也是离别家国时的真实情感。约克逊总统号邮轮带着一船的乡愁，离开了祖国那片海棠形的海岸，驶入太平洋海面。

这艘美国的邮轮，载着一船中国未来的精英。环顾头等舱平台上的人：未来的文理大师顾毓琇（一樵）、文学家和翻译家梁实秋、外交家李迪俊、心理学家孙国华、社会学家吴景超、政治学家张忠绂、军事学家孙立人、陆军中将齐学启、戏剧家和翻译家熊式一、细胞遗传学家和作物育种学家李先闻、报人赵敏恒、声乐家和作曲家应尚

◎在约克逊总统号邮轮上。

能、建筑大师陈植、比较文学大家方重、文学家和宗教学家许地山。他们对日后中国的文学、文化、教育、思想、历史等诸多方面，产生了重要的影响。

约克逊总统号邮轮同时也是交际的平台，这些未来的精英们，开始在这个平台上相识与交往。头等舱的甲板上，中国留学生成群结队地出现，无论是北京的清华，还是上海的圣约翰，不同群体的交谈，都会带出“冰心女士”四个字，这个近四年常常在报刊上出现的名字，这个被猜测、被猜想的女士，这个明星般的女作家、女诗人，现在就在同一条船上！

邮轮驶在近太平洋。秋日的海面，平静如镜，蓝极绿极，舟如行于冰上，凉风习习，甲板上，留学生们三五成群，或眺望海景，或玩着套圈子抛沙袋的游戏。冰心这才想起临行前收到吴楼梅的信，说她弟弟吴卓也是这一届清华学生，可能同船出国，希望给予关照。甲板上男女同学见面都很自然，但直接到清华男生的船舱中去找人，还是觉得不便。上船之后，许地山就像保护人似的跟在身边，冰心便求助于他。

许地山自是乐意，很快便将吴先生找来。吴先生来到甲板时，冰心与陶玲等人正在抛沙袋，冰心说：一块玩吧，看谁抛得远呢。看看人多起来，便分了两个组，吴先生自然和冰心分在一组。抛过沙袋，便又靠在阑旁，望着海面风景，冰心就像大姐姐般问起吴先生：晚上睡得可好？晕不晕船？说，你姐姐写信，说你也乘这班船出国，方知你在船上……冰心快人快语，吴先生只是讷讷地应着，待听到姐姐写信之事，便觉有些诧异，反问：家姐写信？她不识字呀！这回让冰心感到奇怪了：你姐不在美国？还是贝满的同学呢？你是不是叫吴卓？吴先生这才恍然大悟，并觉得有些尴尬，说：我不是吴卓，我叫吴文藻，吴卓是我的同班同学。冰心知道是许地山找错人了，此吴先生非彼吴先生也。吴文藻就要回去唤吴卓，却被陶玲制止，大家继续抛沙袋。

玩了一阵，又累了，海面平缓，波光粼粼，冰心的情绪极好，又靠阑说话。吴文藻就在她的身边，这位高挑个儿的青年，看上去挺英俊，听口音为吴越侬语，冰心便知他是江浙人了，顺便问了一些留学的问题。吴文藻告诉她，上一届的同学潘光旦推荐他入Dartmouth College（达特默思学院），学社会学。之后，吴文藻也问冰心相似的问题，冰心说，自然是想学文学的，准备专修研究英国19世纪诗人的课。吴文藻虽不学文，却是“书虫”，有时间就读书，且涉猎的范围极广。当冰心讲到研究英国诗人时，他便举出了几本英美重要的研究拜伦与雪莱的专著，问冰心是否读过。这一问，可真把这位当时声名大噪的冰心女士难住了，但她还是很坦然回答说，那些书都没有读过。没有想到冰心的坦然引起了吴文藻的惊讶：“这么重要的书你都没有读过？”他劝导她，这次出洋，可要多读些书，“你如果不趁在国外的时间多看一些课外的书，那么这次到美国就算是白来了。”

吴文藻不知轻重，一个一无建树、刚刚迈出清华门槛的毛头小伙，竟然劝导起鼎鼎大名的女作家来，深深地刺伤了冰心，同时，也给冰心留下了与众不同的印象。这个“阴差阳错”的相识，加上“阴差阳错”的进言，却埋下了爱情的种子。

约克逊总统号邮轮驶入太平洋深处，远洋的潮涌与风浪不断加大，中国留学生大多为第一次出海，晕船者居多，独冰心泰然自若，行走如陆地，甚至在“风浪要来了”的惊呼之中，在众人晕眩、惊慌之际，表现出了幸灾乐祸般的镇定。她不言语，她暗中发笑，她按住无名的喜悦，从容地梳洗，“徐徐的换着衣服，对镜微讴，看见了自己镜中惊喜的神情，如同准备着去赴海的女神召请去对酌的一个夜宴；又如同磨剑赴敌，对手是一个闻名的健者，而自己却有几分胜利的把握。”当人们挟着毡子，纷纷下到舱里，梳洗停当的冰心微笑着走上舱面，听琴，直到琴者与歌者“身不自主一溜的从琴的这端滑到那端去”；她继续去交际室出席男生们举行的谈话会，不少的人都面色无主，掩着口蹙然地坐着，一齐地反侧攲斜。谈话的人“似乎都很勉强，许多人的精神，都用到晕眩上了”！冰心却心神完全飞越，“似乎水宫赴宴的时间，已一分一分的临近；比试的对手，已一步一步的仗着剑向着我走来”。当一个同伴掩着口颠顿地走了出去，又一个也掩着口颠顿地走了出去，之后便是三个、四个……只得由冰心来宣布：“我们散了罢，别为着我大家拘束着！”四散之际，她却从容地走出舱外，灯影下竟无一人，阑外只有狂涛声。

全船想都睡下了，我一笑走上最高层去。

迎着海风，掠一掠鬓发，模糊摇撼之中，我走到阑旁，放倒一个救生圈，抱膝坐在上面，遥对着高竖的烟囱与桅樯。我看见船尾的阑干，与暗灰色的天末的水平线，互相重叠起落，高度相去有五六尺。

我凝神听着四面的海潮音。仰望高空，桅尖指处，只一两颗大星露见。——我的心魂由激扬而宁静，由快乐而感到庄严。海的母亲，在洪涛上轻轻的簸动这大摇篮。几百个婴儿之中，我也许是个独醒者……①

此时的冰心，想着母亲，想着父亲，忆起行前父亲的话：“这番横渡太平洋，你若晕船，不配作我的女儿！”现在，在给父亲的信中，冰心自豪地写道：“我已受了一回风浪的试探。为着要报告父亲，我在海风中，最高层上，坐到中夜。海已证明了我确是父亲的女儿。”

邮船继续在太平洋航行，开始几天的新鲜感过去了，该玩的已经玩过，该会的朋友也都会过，船上的生活便单调起来。于是，一个在

①《往事》（二），《冰心文选》（散文卷），第65页。

中国现代文学史也要留下印迹的《海啸》诞生了，发起者便是梁实秋也。船上出版刊物，清华的梁实秋、顾毓琇们首先想到的便是冰心，自然还有许地山（落华生）了。梁实秋找到冰心邀稿，希望共同来办《海啸》。冰心自是乐意，于是，在每一期的《海啸》上都出现了“冰心女士”的名字。《惆怅》《纸船——寄母亲》《乡愁——示HH女士》，最初便是发表在杰克逊号邮船的壁报上：

我从不肯妄弃了一张纸，
　总是留着——留着，
叠成一只一只很小的船儿，
　从舟上抛下在海里。

有的被天风吹卷到舟中的窗里，
　有的被海浪打湿，沾在船头上。
我仍然不灰心的每天的叠着，
　总希望有一只能流到我要它到的地方去。

母亲，倘若你梦中看见一只很小的白船儿，
　不要惊讶它无端入梦。
这是你至爱的女儿含着泪叠的，
　万水千山，求它载着她的爱和悲哀归去。[1]

---

①《纸船——寄母亲》，《冰心文选》（诗歌卷），第160页。

落款是“1923年8月27日，太平洋舟中”。

《海啸》出了几期之后，船上看的人络绎不绝，大家都觉得质量不错，于是，挑选了十四篇，由许地山寄给了《小说月报》。该刊在这年年底出版的第十四卷第十一号上，全部刊出由约克逊号上寄来的《海啸》十四篇稿件，从而使后人能够一睹前辈作家当年的风采。这十四篇稿的篇目和作者是：

《海啸》	梁实秋
《乡愁》	冰心女士
《海世间》	落华生
《海鸟》	梁实秋
《别泪》	一樵
《梦》	梁实秋
《海角的孤星》	落华生
《惆怅》	冰心女士
《醍醐天女》	落华生
《纸船》	冰心女士
《女人我很爱你》	落华生
《约翰我对不起你》	C.Rossetti，梁实秋译
《你说你爱》	Keats，CHL译
《什么是爱》	K. Hamsun，一樵译

8月28日，约克逊总统号邮轮驶入西太平洋，以美国西部时间计算，便有两个28日的白天，再过两天，邮轮便要抵达美国西海岸了。相处十几天的留学生们有些恋恋不舍，纷纷留下日后在美联系的地址与电话，冰心留下的是鲍贵思父母家的地址，这是她在美留学的家：默特佛镇火药库街46号（46 Powder Honse Street Medford， Mass），电话号码：1146R。大部分留学生留下的则是学校的地址，吴文藻在船上虽然与冰心有些接触与交谈，但也不谈文艺，不谈冰心的作品，在即将分别之时，吴文藻却给冰心留了地址。

约克逊总统号邮轮在美国西部时间9月1日早晨抵达维多利亚（Victoria），从皮吉特湾（Point No Point Light House）驶入西雅图（Seattle），中国的留学生们在此登陆。教育机构、当地华侨与媒体对中国一大批的留学生抵达美国极是重视与关注，船甫靠岸，便上来了许多人，接待的、照相的，“逼我们在烈日下坐了许久，又是国旗，又是国歌的闹了半日。”对此情景，冰心写道：

> 码头上许多金发的人，来回奔走，和登舟之日，真是不同了！大家匆匆的下得船来，到扶桥边，回头一望，约克逊号邮船凝默的泊在岸旁。我无端黯然！从此一百六十几个青年男女，都成了飘泊的风萍。也是一番小小的酒阑人散！①

①《寄小读者》（通讯之十八），《冰心文选》（儿童文学卷），第198页。

十五 威尔斯利女子大学

◎威尔斯利女子大学。

位于波士顿郊外的威尔斯利女子大学，已经有近半个世纪的历史，坐落在湖畔起伏有致的山地上，每一幢建筑都是艺术品，不同的立面、门窗与色彩，体现出鲜明的个性，大片绿色的草地，一直延伸到湖岸水边。

冰心入住在闭壁楼，1908年建成，“说也凑巧，我住在闭壁楼（Beebe Hall），闭壁楼和海竟有因缘！这座楼是闭壁捐款所筑。因此厅中，及招待室，甬道等处，都悬挂的是海的图画。”其实，还不只是图画，楼下的接待室还有好几艘船的模型，包括海盗船；玻璃画是西方的艺术，闭壁楼中也体现分明，高大的半圆形的立窗，顶上一片便是不同形状的船形彩色玻璃画。冰心不是本科生而是研究生，学校本不安排住宿，但为了照顾中国留学生，专门给她安排了一个房间，室内地毯、书架、床铺、书桌一应俱全。行李早已有人从火车站搬运来，冰心进门时，一件件如数在屋，令她感动。

威尔斯利女子学院后来撤销了研究生院，成为标准的文理学院，20世纪20年代，由研究生院招收学生，采用学分制，完成后可授硕士学位。冰心研修英国文学，当她安顿停当之后，便一头扎进了美丽的校园之中，熟悉这里的环境，建立与它们的联系，享受异国他乡的美景，并且与祖国、北京，甚至与烟台的生活经历产生联想，联想最丰富的便是环绕了半个校园的一湖秋水。

慰冰湖出现在冰心面前时，一瞬间便让她怦然心动。校园地图上标注的Lake Wabsn，不知先前是否有中国的学生译过？但她立时觉得可以用“慰冰湖”三字译之，谐音会意，还是对自己思乡的一种安慰。因为在海边长大，自己的童话世界里，湖即是海的女儿，

◎慰冰湖。

见到湖便想到海，想到海便回到家，临湖联海想家，冰心用这种方式寄托自己的乡思。第一次站在Lake Wabsn岸边的枫树下，秋风微波，一层一层向岸边彩色的林带涌去，冰心想到大海的波浪，涌上来又退下的，都在金色的沙滩上，那一刻，恍如回到了童年的芝罘海湾，“慰冰湖”三个字便在此时脱口而出！

朝阳下转过一碧无际的草坡，穿过深林，已觉得湖上风来，湖波不是昨夜欲睡如醉的样子了。——悄然的坐在湖岸上，伸开纸，拿起笔，抬起头来，四围红叶中，四面水声里，我要开始写作给我久违的小朋友。小朋友猜我的心情是怎样的呢？

水面闪烁着点点的银光，对岸意大利花园里亭亭层列的松树，都证明我已在万里外……一声声打击湖岸的微波，一层层的没上杂立的潮石……湖上的月明和落日，湖上的浓阴和微雨，我都见过了，真是仪态万千……每日黄昏的游泛，舟轻如羽，水柔如不胜桨。岸上四围的树叶，绿的，红的，黄的，白的，一丛一丛的倒影到水中来，覆盖了半湖秋水。夕阳下极其艳冶，极其柔媚。将落的金光，到了树梢，散在湖面。我在湖上光雾中，低低的嘱咐它，带我的爱和慰安，一同和它到远东去。[①]

这是冰心入校后不久，在慰冰湖的观湖亭给小朋友写的通讯，

①《寄小读者》（通讯七），《冰心文选》（儿童文学卷），第143页。

第一次将慰冰湖的万千仪态传递给了远东故国的小朋友，诉说她在黄昏的落日里湖中泛舟，在湖岸聆听湖水的微波，在夕阳中感受湖的光影，又托付湖面的雾，给小朋友带去她的思念与乡愁……“海好像我的母亲，湖是我的朋友。”冰心做了另一种的比喻，“我和海亲近在童年，和湖亲近是现在。海是深阔无际，不着一字，她的爱是神秘而伟大的，我对她的爱是归心首的。湖是红叶绿枝，有许多衬托，她的爱是温和妩媚的，我对她的爱是清淡相照的。”与海相比，虽然爱湖不及爱海，但慰冰湖的“温和妩媚”，与之相对的“清淡相照”，几乎成了冰心留学美国生命不可或缺的亲密朋友。无论是课余还是饭后、是落日还是晨光、是雾是雪、是冰是凌、是风是雨，都有一个东方女子的身影出现在湖畔，出现在湖岸，出现在湖的水影里。冰心在给二弟的信中说：“慰冰湖更是我的唯一的良友。或是水边，或是水上，没有一天不到的。”甚至在母亲寿辰的前一天，拾起一片湖石，用小刀刻上：“乡梦不曾休，惹甚闲愁？”然后远远地抛入湖心，头也不回，相信那石永沉湖心，直到天地的尽头。“只要湖水不枯，湖石不烂，我的一片寄托此中的乡心，也永古不能磨灭的！”[1]由此，可以理解为，这种对慰冰湖的依恋，是冰心将对大自然之爱转化为母爱，慰冰湖成了母爱的象征，并且具有了神秘色彩。

波士顿一天一天的下着秋雨，好像永没有开晴的日子。落

---

①《寄小读者》（通讯十六），《冰心文选》（儿童文学卷），第186页。

叶红的黄的堆积在小径上，有一寸来厚，踏下去又湿又软。湖畔是少去的了，然而还是一天一遭。很长很静的道上，自己走着，听着雨点打在伞上的声音。有时自笑不知这般独往独来，冒雨迎风，是何目的！走到了，石矶上，树根上，都是湿的，没有坐处，只能站立一会，望着蒙蒙的雾。湖水白极淡极，四围湖岸的树，都隐没不见，看不出湖的大小，倒觉得神秘。①

初入威校，一切都是好奇与新鲜，冰心以文字记载的同时，还拍了不少的照片，比如倚靠在慰冰湖岸边枫树下、偎坐于湖岸观景台上，都是入校不久的照片，在闭壁楼前与同学的合影，一张与体育系的谢文秋、一张与日本和中国的留学生周淑清、黎绍芬等，这些照片与照片中的人物，不仅定格了冰心初入威校的情形，在日后的人生旅途中，有的还时有相伴。黎绍芬即黎元洪的女儿，她与冰心的父辈在天津水师学堂同学，现在她们又成了美国威尔斯利女子大学的同学。在校园的照片，大多为同学自己拍，甚至自己冲洗，冰心并不是都满意，因而，她选择了一个周末，与美国同学乘火车进城，在波士顿的一家照相馆很隆重地拍了一张彩色的半身照：着淡花丝绸质地的布扣大开襟上装，黑发绾挽，平分覆过眉梢，脸微侧而显丰满，微抿双唇，明眸幽思，十足一个含蓄而又稳重端庄的东方青春女性。摄影师抓住了传神的一瞬，按下了快门，从而完成了冰心年轻时最为经典的

①《寄小读者》（通讯八），《冰心文选》（儿童文学卷），第145页。

◎在威校时的冰心。

写真，成为无数作品集、画册中的封面与压轴之作。这张照片，冰心寄给了父母亲，以慰父母对女儿的思念，却没有想到日后还会引出许多的故事，甚至在当时就有故事了。有同学告诉冰心：波士顿一家照相馆的橱窗中，陈列着一张放得很大的照片，路过的人都称之“东方美女”，像极了你！是不是就是你的照片？冰心茫然不知，再一个周末，又进城，在取照片的同时看到了橱窗，放大得比真人还大。冰心与店主交涉，希望他取下照片不做展示，店主尊重照片主人的名誉权，但同时还有著作权，“被摄者是你，拍摄者是我”。最后达成折中的协议，将陈列的照片移至后台，将另一张照片推到前面，算是照顾到了双方的权益。

冰心在熟悉她的学校、她的慰冰湖时，也把这些以通讯的方式告诉了远方的小朋友。闭璧楼活动室有排信箱，铜质的小方盒上标注着每个房间的号码，这是全楼同学与外界联系的渠道。每次回到闭璧楼，冰心都要打开信箱，基本不会失望，故国来信、同学飞鸿、发表作品的报刊，但家书却不是每天都会有的，时间稍久，只得在“上下楼之顷，往往呆立平时堆积信件的桌旁，望了无风起浪的画中的海波，聊以慰安自己”。最多的是同乘约克逊总统号邮轮的清华同学，报告入校的喜悦，报告新生活的感受，爱慕之情、相思之意，也皆有之，有的洋洋洒洒，好几页纸。一般情况下，冰心以慰冰湖的明信片，写上简单的几句话，算是礼貌性作复。只有一个例外，就是吴文藻，他寄来的不是信，而是一张达特默思冰雪校园的明信片，几行清秀的文字也仅是报告到校后的情况，冰心却是看了许久，陷入沉思。与别的清华同学又是一个不一样，亦如见面的方式。文学追求的就是不一样，难道这个现实中的不一样，正在向自己走来？

这次，冰心面对寄自汉诺威的明信片，却是写了一封回信，落款不是冰心，而是谢婉莹。

十六　一病足惜

细雨轻烟的慰冰湖、枫叶飘零的闭壁楼，既让冰心忘却故国的深秋，又令冰心忆及故国的深秋。11月24日，哈佛大学与耶鲁大学举行足球比赛（美式足球即为橄榄球赛），哈佛大学研究生浦薛凤为冰心弄到了观看的门票。美式足球手足并用，可踢可抛，彼此推撞拉跑，仆地倒压，赛场内十分热闹、激烈。不料却遇上了大雨，露天球场无遮无挡，浦薛凤虽然带了雨伞，但全场无一人撑用，就怕撑起雨伞挡住后座的视线，于是就这样在大雨中淋着。美国的同学哪里在乎一点点雨，照样忘情加油、欢呼，有的还从裤袋中摸出扁瓶美酒，如哈佛获胜一次，便喝一口，以示庆贺。球赛之后，本来还有哈佛中国学生会宴请外埠来此观赛的华籍同学，冰心觉得身体疲倦，聚餐盛会就不参加了，浦薛凤便雇了计程车送冰心至车站，再从车站打车将她送回学校。

第二天是星期日，平素在周日，冰心有时也上慰冰湖畔的霍顿纪念教堂做礼拜，读读经，听听唱诗，今日却是没有去，早起仍然感觉疲惫。到了晚间，秋雨后月明风清，S教授请她去晚餐。在小小的书室里，她们灭了灯，燃着闪闪的烛光，对着熊熊的壁炉，谈着东方人的故事。这时，冰心回头看见一轮淡黄的明月，从窗外正照着她们，似是远天的投影，上下两片轻绡似的白云，将半月托住。教授也回头惊喜赞叹，她们匆匆地饮了咖啡，披上外衣，一同走出门外，原来不仅月光如水，疏星也在天河边闪烁。两人在秋凉的夜地里站着，教授兴趣依然，指点着告诉冰心，那边是织女，那个是牵牛，还有仙女星、猎户星、孪生的兄弟星、王后星等，最后却是说出了伤感而又充满诗意的话来："这些星星方位和名字，我一一牢牢记住。到我衰老不能行走的时候，我卧在床上，看着疏星从我窗外度过，那时便也和同老友相见一般的喜悦。"在教授的微喟中，冰心也感觉到了一阵寒意，月光中，教授送冰心回闭璧楼，上下的曲径上，两人缓缓地走着。回到屋里，冰心感到悄然不怡，加上昨晚看球赛淋雨，病就袭上来了。

就在这天夜里9时，一阵激烈的咳嗽，立时便吐出了血来……急切间，冰心伸手按响了呼唤铃。清脆的铃声惊动了门房……

冰心入住圣卜生医院，一幢建在校园小山坡上的房子。不大，二层尖顶建筑，几间病房，实际是校医院。仅仅在入院时有过一阵紧张，之后便趋平静。冰心在此住了十七天，第二天就被看护允许写字了。医院的护理人员十分精心，病床的位置一天移动好几次，早晨将病床推至窗前，可享受阳光，可眺望校园风景，可听鸟鸣，可见小松鼠在林间跳跃。远一些霍顿纪念教堂红色的尖顶、音乐楼的墙体、图书馆的立窗，中间大片的草坪绿地，穿越过秋叶落尽的疏林，可见慰冰湖清澈的波光，那波光荡漾到了眼前，感觉便清新气爽了许多。

冰心在医院受到无微不至的关怀，“饮食很精良，调理的又细心。我一切不必自己劳神，连头都是人家替我梳的”。自小养成男儿性格的冰心，住院十几天，竟是落了三次眼泪。

第一次是面对闭壁楼认识与不认识的同学送来的慰问，“花和信，不断的来，不多时便屋里满了清香。玫瑰也有，菊花也有，还有许多不知名的。每封信都很有趣味，但信末的名字我多半不认识。因为同学多了，只认得面庞，名字实在难记！”闭壁楼的同学，在知道她生病后，一个个都来医院探望，但都被看护拒绝，只得留下花，留下话，留下满屋香馨；电话铃响，也是询问病情、希望前来探视的声音，怎能不感动落泪？冰心在被允许写字后，第二封信便是写给闭壁楼中九十六位“西方之美人兮”的女孩子：“感谢你们的信和花带来的爱！——我卧在床上，用悠暇的目光，远远看着湖水，看着天空。偶然也看见草地上，图书馆，礼堂门口进出的你们。我如何的幸福呢？没有那几十页的诗，当功课的读。没有晨兴钟，促我起来。我闲闲的背着诗句，看日影渐淡，夜中星辰当着我的窗户；如不是因为想你们，我真不想回去了！”以一种西方式的俏皮话语，传递病中的心情。为安慰姐妹们的牵挂，冰心还专门“秀”了一下她与花“无奈”的亲密相处：“日长昼永，万籁无声。一室之内，惟有花与我。在天然的禁令之中，杜门谢客，过我的清闲回忆的光阴。”

第二次是鲍老牧师的夫人专程从默特佛经波士顿前来探望，因而被准许进入病房。见到病中的冰心，难过得双眼含泪，说：本想我们有一个最快乐的感恩节……遗憾中便又安慰：不过不要紧的，等你好了，我们另做安排。老夫人握着冰心清凉的手，沉静许久不说一句话。“等她放好了花，频频回顾的出去之后，望着那‘母爱’的后影，我潸然泪下……”

第三次在感恩节那一天，孤身在外，亲人不得见，朋友不能会，连窗前草地上也无行人，人人都回家过节了。病房独自一人，枯看窗外风景，树枝严霜，湖波不流，慰冰湖银海一般的闪烁，意态也呈清寒，秋风中的枯枝丛立在湖岸上，变得疏远，秋云幻丽，在广场上忽阴忽晴，与病中的心情一般，飘忽无着。万般孤寂中，冰心回想曾读过的古诗，“到死未消兰气息，他生宜护玉精神”，从黄仲则跳到李贺，“马蹄隐隐声隆隆，入门下马气如虹”，都是胡乱地联想。她又找出闭壁楼女生的信来读，一个美国朋友写着：“从村里回来，到你屋去，竟是空空。我几乎哭了出来！看见你相片立在桌上，我也难过。告诉我，有什么我能替你做的事情，我十分乐意听你的命令！”日本的朋友写着：“生命是无定的，人们有时虽觉得很近，实际上却是很远。你和我隔绝了，但我觉得你是常常近着我！”中国朋友则说：“今天怎么样，要看什么中国书么？”病中的冰心还从寥寥数字中，揣摩出了国民性来，一夜就在杂乱的思想中度过。第二天清早的时候，扫除橡叶的马车声辗破晓静。今日便是如中国的中秋节似的感恩节，“每逢佳节倍思亲”，想起故国家园，想起父母兄弟，感情的闸门再也关不住了：花影在壁，花香在衣，朦朦的朝霭中，默望窗外，万物无语，不禁泪如雨下……圣卜生医院中的冰心，给小朋友写了两篇通讯——《通讯九》向父亲报告病中情景，《通讯十》写

“我”与母亲，既道出了“我”儿时的情景，性格的形成，更是描绘出了母亲博大宽容的爱，成为经典中的经典，成为选本最多的篇章，成为不可或缺的课文，成为描写母爱的代表。

本来就是“旧病复发”，圣卜生医院十几天的治疗，已经一日好似一日，基本康复了。冰心打算出院后，立即补上两周来落下的课。但就是这时，医生却告诉她，病是好了，但这种病还需要疗养一段时间，不宜马上回校上课，过两天，送至青山沙穰继续疗养，并要她安心。安心？还能安心？冰心听了医生的话后，几乎神经错乱：我是来读书的，不是来疗养的，如果继续在医院呆下去，所有的计划、安排都成泡影，怎能安心疗养？可是，医院继续按照治疗程序进行。冰心当时并不知道，医生将她的肺支气管破裂导致吐血，诊断为肺结核，也就是中国所说的肺痨。这是一种传染疾病，在盘尼西林尚未发明之前，肺结核属疑难病症，所以，医院没有让冰心退学或休学，已经是考虑到她的留学生身份了，但坚持必须继续疗养，病愈后再回校。

◎在青山沙穰疗养院留影。

1923年11月15日下午，“一乘轻车，几位师长带着心灰意懒的我，雪中驰过深林，上了青山（The Blue Hills），到了沙穰疗养院。”威尔斯利位于波士顿西郊，青山位于波士顿南郊，两地相距三十多公里，尤其是沙穰疗养院建在青山之中，孤立而寒冷。汽车下山了，护送人走了，病中的冰心，一人留在了寒山中的疗养院。“如今窗外不是湖了，是四围山色之中，丛密的松林，将这座楼圈将起来。清绝静绝，除了一天几次火车来往，一道很浓的白烟从两重山色中串过，隐隐的听见轮声之外，轻易没有什么声息。单弱的我，拼着颓然的在此住下了！”①

病弱、离校、远离故国亲人，寒冷、孤单、陌生无助，这就是冰心上了青山的境遇。颓然沮丧的心情，孤立无援的身影，这个情况大概持续了十几二十天。一室寂然，山野满雪，有时为着打破止水般无聊的生活，“忽发奇想，想买几挂大炮仗来放放，震一震这寂寂的深山，叫它发空前的回响”。但在美国，何来炮仗？却是有枪！在做梦也看不见炮仗的情况下，冰心幻想有一支小手枪，“安上子弹，抬起枪来，一扳，砰的一声，从铁窗纱内穿将出去”！

这时，冰心在一篇描写困顿中挣扎的文字里，多次提到了“造物主”、“造物者”和“上帝”，不是皈依宗教而是重温主的关怀，并从中得到力量。在青山，冰心以西方人的方式，度过病中第一个圣诞节。平安夜，楼前雪地中间的一棵经过装饰的松树上，结着彩灯，树尖上一颗大星星，树下挂着许多小星星。冰心开始像往常一

①《寄小读者》（通讯十一）《冰心文选》（儿童文学卷），第162~163页。

样，静卧门廊，夜半时，忽然飘来柔婉的《平安夜》歌声，将她从浓睡中引出。睁开双眼一看，天上是月，地下是雪，中间圣诞树上的大灯星，现出了一个完全透彻晶莹的世界！耶稣诞生的情景，“一千九百二十三年前，一个纯洁的婴孩，今夜出世，似他的完全的爱，似他的完全的牺牲，这个彻底光明柔洁的夜，原只是为他而有的。”侧耳静听，忆起旧作《天婴》中的两节诗句：“马槽里可能睡眠？/凝注天空——/这清亮的歌声，/珍重的诏语，/催他思索，/想只有泪珠盈眼，/热血盈腔。/奔赴着十字架，奔赴着荆棘冠，/想一生何曾安顿？/繁星在天，/夜色深深，/开始的负上罪担千钧！”静默静想的冰心，感觉自己心定如冰，神清若水，默然肃然，当歌声渐远时，又渐渐进入梦乡。第二天便是圣诞日了，完全是另一个情景：“朝阳出来的时候，四围山中松梢的雪，都映出粉霞的颜色。”冰心说，“一身似乎拥在红云之中，几疑自己已经仙去。”就在默想出神之时，护士来了，微笑着道了“圣诞大喜”，便将她的床从廊上慢慢推到屋里，随之捧进几十个红丝缠绕、白纸包裹的圣诞礼物，堆了一床。冰心微靠床阑，一包一包地打开，里面是五光十色的玩具和书，足足开了半个小时。到了夜间，又是一番情景：圣诞晚会上（冰心称之为庆贺会），不仅有本院的女孩子，从一个也属隔离疗养的小学来了二十多个小孩子，喜庆而热闹。晚会的大厅中，“一棵装点的极其辉煌的圣诞树，上面系着许多的礼物。医生一包一包的带下去，上面注有各人的名字，附着滑稽诗一首，是互相取笑的句子，那礼物也是极小却极有趣味的东西。”冰心得了一支五彩漆管的铅笔，一端有个

◎吴文藻先生。

橡皮帽子，附着的诗是："亲爱的，你天天在床上写字，写字，/必有一日犯了医院的规矩，/墨水玷污了床单。/给你这一支铅笔，还有橡皮，/好好的用罢，/可爱的孩子！"此时，医生、护士、病人，坐满了大厅。八个国家的人，无论老的少的，用英文唱着同一首歌，在灯火辉煌中，歌声嘹亮地过了一个完全的圣诞节。

吴文藻利用休年假时间，从汉诺威乘火车到波士顿，再乘公车抵达剑桥，住进了顾毓琇租住的宿舍。与清华同学聚会时，才从浦薛凤那儿听说了冰心生病的消息，他提议结伴上山探望。于是，在圣诞节后的第二天，沙穰疗养院的雪景中，出现了三个黑点，中国的留学生浦薛凤、顾毓琇与吴文藻，一袭清华装，黑色的大衣，竖立的领口，三个江南水乡的翩翩青年。他们的出现，令冰心惊奇，兴奋的脸上现出红晕。上山之前，三人都未曾言及礼物，待见到冰心，忽然发现每人都有一份献给病中女士的礼物，圣诞虽过，但那礼物还算是圣诞礼物。按照美国人的习惯，冰心当面一一打开，浦薛凤送的是巧克力，顾毓琇送上的是手套，打开吴文藻的礼物，则是一本精致的笔记本，说是留待"病中书写"，冰心却脱口而出，这是她最喜欢的东西。疗养院的圣诞礼物是铅笔，现在又有了本子，怎能不喜欢？三个清华的才俊，又经过美国大学的熏陶，都已不怎么拘谨了。礼过之后，又询及如何打时度日，冰心不便实情相告，不想将自己的愁绪传染给他们，便也幽默了一回，说，北美森林中的Eskimo，黑发披裘，以雪为家，过着冰天雪地的生活，圣诞晚会上，来了十几个小朋友，他们说，日前他们见到了Eskimo，冰湖溜冰处，黑发披裘，飘然而过。原来，他们说的这个Eskimo，指的就是她。冰心说，因她曾于风雪之中林间游走，山下冰湖溜冰处的沙穰小朋友便传说林中来了一个Eskimo，并以她的黑发披裘为证，说得大家都开心地笑了起来。此时浦、顾二位，尚不知他们表面有些木讷的同乡吴文藻，与冰心已有“书”与“信”往来，各自都揣了爱慕之心上了青山，吴文藻自然不能单独对冰心表示慰问，只是在调侃的话题前止步，最后趁着空隙，劝了几句听从医生的安排，好好休养之类的“悄悄话”。

一路追随冰心而来的许地山，在位于纽约的哥伦比亚大学哲学系攻读硕士学位，第一个年假自然是筹划着如何去见冰心，时间也安排在圣诞节前后。许地山不属“清华帮”，且由于性格的怪僻，多不合群，尤其内心还秘藏着对冰心的私情，在威尔斯利未能寻得冰心，便一人上了青山。见到冰心独处的清冷，举目无亲且不说，接触的都是身份不同的病人，面对窃爱着的人，不免心生凄楚，但冰心在尊为师长的许地山面前，却表现得开朗乐观，问了许多燕京大学同学的事情，尤其是陶玲的情况，许地山将所知道的都告诉了她，并且报告了许多国内的消息，更令冰心的思想活跃。冰心还主动讲到疗养院的情况：有二十多人吧，隔壁有个女孩正跟她学习中文，第一天教的是“天”“地”“人”三个字，女孩睁大了眼睛看着她，说：你们中国人太玄妙了，初学就学这么高大的字，我们往往是从“猫”呀“狗”呀的开始……说得许地山也笑了起来。

冰心更没有想到的是，燕京大学司徒雷登校长竟也上山来探望她！司徒雷登来美国是为燕京大学新校园募捐的，冰心曾从媒体上知道校长来美，但她绝对没有想到校长会上山来看她。见到病中的冰心，司徒雷登作了详细的询问，吃什么药、打什么针都要问及，慰问过后，还为冰心送上一个大礼，就是邀请冰心毕业之后回燕京大学任教。离开青山后，司徒雷登特地向燕京大学的师生写了一封信，报告了探望冰心的情况：“我曾往Sanatarium探望谢婉莹女士，其病势不久可复，气色很好，也很高兴，大部的时间用在散步、写作、读书上。”①

圣诞节的欢乐，朋友、师长与同学的探望与关怀，驱散了冰心初上青山心头的阴霾。冰心喜悦地写信告诉母亲：“我童心已完全来复了。在这里最适意的，就是静悄悄的过个性的生活。人们不能随便来看，一定的时间和风雪的长途都限制了他们。于是我连一天两小时的无谓的周旋，有时都不必作。自己在门窗洞开，阳光满照的屋子里，或一角回廊上，三岁的孩子似的，一边忙忙的玩，一边呜呜的唱，有

①司徒雷登的信，转引自卓如《冰心传》，上海文艺出版社1990年版，第246页。

时对自己说些极痴的话。休息时间内，偶然睡不着，就自己轻轻的为自己唱催眠的歌。——一切都完全了，只没有母亲在我旁边！”[①]为了感觉母亲与亲人都在自己的身旁，她为窗前的星星起名，叫“兄弟星”，以大小亮度区别大弟、二弟与小弟，将月亮幻化成母亲，将太阳理解为父亲，心灵的家园全然安置在青山之上了。计算着“抱病入山的信”可能刚刚送到母亲的手上，也估摸着全家人正在商量谈论，长吁短叹，“无知无愁的我，正在此过起止水浮云的生活来了呢！”

此时的冰心又开始写作，写山，也写人，写童年时代的不多往来的玩伴——烟台金钩寨的六一姊，写大学时代只几面之交的同学淑敏。《别后》是一篇1921年的未竟稿，三年后在青山发现后续写，连同《悟》，成为她在美国留学时不多的小说创作。而在青山，她更多的写作给了小朋友，《寄小读者》从通讯十三至十八，占了全书的六篇之多。同时，《往事》（二）、《山中杂记》也为“遥寄小朋友”，在叙述的完整性上，将离家前后、太平洋舟船上、初入威校的情景补充完整，让小读者对自己决定留学之后至病前病中的生活情景有个全貌了解。

终于，出院的时间到了，在度过美国的国庆节后，冰心走出了青山。从阴霾漫天而进，到灿烂晴空而出，季节与气候的变化不说，单就人和心情而言，冰心认为自己已经“判若两人”了！

①《寄小读者》（通讯十三），《冰心文选》（儿童文学卷），第173页。

我曾说：

“别离碎我为微尘，和爱和愁，病又把我团捏起来，还敷上一层智慧。等到病又手退立，仔细端详，放心走去之后，我已另是一个人！

“她已渐远渐杳，我虽没有留她的意想，望着她的背影，却也觉得有些凄恋。我起来试走，我的躯体轻健；我举目四望，我的眼光清澈。遍天涯长着萋萋的芳草，我要从此走上远大的生命的道途！感谢病与别离。二十余年来，我第一次认识了生命。”①

鲍老牧师开车将冰心接到默特佛家中，静夜中，冰心细细地回顾、体味了病中六个月的生活，将感觉一一记在了《通讯十九》之中：一个是弱，一个是冷，一个是闲，再有一个就是爱与同情。当她写到第四点的时候，她说，应该用庄肃的心情来写这一段。她过去总认为，同情是应该得的，爱也是必得的，时间久了，便有一种轻藐与忽视了。然而此种“应得”与“必得”，只限于家人骨肉之间。比如说母爱，和弟弟们的爱，这种爱原本是应该得到的，家人之间没有问题，因为骨肉之爱是无条件的，或者说，以血缘为基础的爱是无条件的。但是在朋友、同学之间，“同情是难得的，爱是不可必得的，幸

①《往事》（二），《冰心文选》（散文卷），第85页。

而得到，那是施者自己人格之伟大！此次久病客居，我的友人的馈送慰问，风雪中殷勤的来访，显然的看出不是敷衍，不是勉强。至于泛泛一面的老夫人们，手抱着花束，和我谈到病情，谈到离家万里，我还无言，她已坠泪。这是人类之所以为人类，世界之所以成世界呵！我一病何足惜？病中看到人所施于我，病后我知何以施于人。一病换得了'施于人'之道，我一病真何足惜？"病中青山，大家身边都无亲人，只有一缕病中爱人爱己，知人知己的哀情，将这些异国异族的女孩儿亲密地联在一起。病让她对爱与同情有了深一层的理解，从"施于我"到"施于人"，成为人生中的一个转折，成为生命中不可或缺的元素，她要将这种元素放大、持久，在人间开花结果。"别人怎么施与我，我将怎么施与他人"。从接受爱到施之爱，就是这个大变化，使她的爱的内涵与境界，与进山之前提升了一格，变成了"另外一个人"。出山之后，她决定用一生来实践在内心给自己定下的将爱"施于人"的承诺，并以诗意的语言描述这一喜悦的获得：

> 爱在右，同情在左，走在生命路的两旁，随时撒种，随时开花，将这一径长途，点缀得香花弥漫，使穿枝拂叶的行人，踏着荆棘，不觉得痛苦，有泪可落，也不是悲凉。①

---

①《寄小读者》（通讯十九），《冰心文选》（儿童文学卷），第205页。

十七　遨游于新英格兰大地

冰心出院，时值暑期，鲍老牧师认为，应该让孩子散散心，不要老是呆在屋子里写作，对健康不利。于是，由他们家的司机开车，有周姨的陪同，开始在周边旅游。

首先是游览了玷池（Spot pond）、玄妙湖（Mystic Lake）、侦池（Spy pond）、角池（Horn pond）等。美国东部的丘陵地带，被称为“pond”的很多，像绿宝石般地镶嵌在新英格兰丛林的大地上。从这个湖（池）到那个湖（池），路程都不太远，且美国在20世纪20年代，公路网络已很发达，冰心记下了湖畔驰车的感觉：“水畔驰车，看斜阳在水上泼散出的闪烁的金光，晚风吹来，春衫嫌薄。这种生涯，是何等的宜于病后呵！”他们乘坐的是黑色福特牌汽车，车厢大且可敞篷，夕照中的敞篷车上，站着一东方女子，飘飞的秀发与颠簸的车行，给夏日繁花大地平添几分亮色。冰心还到了大西洋滨岸（Revere Beach）。这是一处海滨的度假区，沙滩上游人如织，除冲浪游泳者外，还有多处游艺场，孩子们骑着铁马铁车呼啸前进，空中的旋转车，海面上的小艇，五光十色交织在一起，令刚刚从山里出来的冰心眼花缭乱。冰心本爱海，但大西洋的海面太多的商业与嘈杂，她不喜欢，觉得无味，早早掉转车头，回到山间林中，改为从高处的静处观海：“这是海的真面目呵。浩浩万里的蔚蓝无底的洪涛，壮厉的海风，蓬蓬的吹来，带着腥咸的气味。在闻到腥咸的海味之时，我往往忆及童年拾卵石贝壳的光景，而惊叹海之伟大。在我抱肩迎着吹人欲折的海风之时，才了解海之所以为海，全在乎这不可御的凛然的冷意！”

从大西洋滨岸回到默特佛，稍事休息，冰心将游湖与观洋的见闻与感受写作了“通讯二十”，告诉故国的小朋友。过了几天，威校的K教授，也就是冰心的监护人，来到默特佛，接冰心到新汉寿（New Hampshire，今译为新罕布尔）的白岭（White Mountains）之上避暑。K教授自己开车来，冰心坐副驾驶位置。汽车出波士顿，沿着缅因州边界前行，之后便是一路的盘山道路，望着两旁的丛林，苍翠欲滴。K教授告诉冰心，再过两三个月，这里是一片枫叶泛红，犹如色彩缤纷的崇山画廊，美极了，每年这个季节，波士顿大自然的爱好者便从这条道上山观赏红叶。

以冰心的美国地理知识，将自由（Freedom）、白岭、华盛顿（Mount Washington）与戚叩落亚（Chocorua）诸岭并列，还有远在天边的总统山脉（Presidentinal Range）、麦迭生（Madison）等重叠相映的群山。冰心居住的白岭，“高出海面一千尺，在北纬四十四度，与吉林同其方位。早晚都是凉飙袭人，只是树枝摇动，不见人影”。不知为何，冰心说，她只爱看戚叩落亚。每天黄昏独自走到山顶看日落，便见戚叩落亚的最高峰，全山葱绿，只有峰顶赤裸露出山骨。此为山峰太高，地处高寒，天风劲厉，不宜于树木的生长。与中国一样，名山均有故事，戚叩落亚山也有英雄的传说，“通讯二十二”中，冰心将这个故事详细地讲给了中国的小朋友听。

白岭有座18世纪的老屋，独立地隐藏在丛林之中，与山后一处酿私酒的屋子为邻。这座老屋主人两姐妹是K教授的好友，平时不在这里居住，夏日来此避暑。K教授为了让冰心得到更好的休息，将其带上了山，也让这位中国的女作家，体验一下真正的新英格兰农家生活。“果然的，此老屋中处处看出十八世纪的田家风味。古朴砌砖的壁炉，立在地上的油灯，粗糙的陶器，桌上供养着野花，黄昏时自提着罐儿去取牛乳，采葚果佐餐。这些情景与我们童年在芝罘所见无异。所不同的就是夜间灯下，大家拿着报纸，纵谈共和党和民主党的总统选举竞争。”[①]田园风光自然有趣，但时间一长，便觉得十分寂寞。偌大一座山中老屋，只住五人，两姐妹、K教授，还有一个才五岁的纽芬兰孩子，因为他的母亲在此做佣工而住在这里。好在K教授可以用车将冰心载到附近景点游玩，白岭之中也多湖，叫得出名字的便有银湖（Silver Lake）、戚叩落亚湖（Lake Chocorua）、洁湖（Purity Lake）等，处处湖山相衬，显得十分幽静，感觉比青山还美。有时，还到戚叩落亚湖畔野餐，比在老屋中等待用餐，多了许多的乐趣。野餐的位置有时选择在小桥边，不远处的湖面波平如镜，水的尽头便是突起矗立的戚叩落亚山峰。野餐之后，冰心便与K教授在

①《寄小读者》（通讯二十一），《冰心文选》（儿童文学卷），第209页。

湖畔徘徊，如在画中行走，山风吹面，竟有飘飘欲仙之感，好像不是在赏玩，而是皈依了！

山中虽是清静，离别时却热闹了一番。8月6日，也就是离开白岭的前一天，午睡后，古屋的主人C夫人请冰心换上新衣。只见K教授也穿上由中国绣衣改制的西服出来，其余的人身上也都有了中国元素，或挂中国的玉佩，或着中国的绸衣。当暮色降临山间之时，C夫人招呼大家团团坐在屋前的一棵大榆树下，女佣端出一盘盘的茶果，K教授郑重地告诉冰心：今夜要过中国的瓜果节。是夜为中国的农历初六，双星还未相迩，银汉薄雾迷蒙。一钩弯月下，冰心自然成了中心！C夫人为她斟上蒲公英酒，K教授举杯起立，说："我为全中国的女儿饮福！"

冰心也站立起来，含笑而答："我代全中国的女儿致谢你们！"

大家一起笑着，将杯中之酒饮尽。

第二天一早，冰心在白岭的古屋草坪露桌上匆匆写就"通讯二十三"，抬头的称呼是"冰季小弟"，一气呵成千余字。早餐之后，便乘K教授的车下山，前往位于大西洋岸的伍岛。

伍岛（Five Islands）是鲍老牧师家的海岛，岛上有房、有船，还有管理人员。知道冰心要来，他们早早做好了准备。海于冰心而言，自然不陌生，但伍岛还是让她心思"昏忽"。伍岛的环境奇特，两处断涧，均以松木小桥通过，涧深足有数丈，海涛在涧下冲击断崖，声如闷雷滚过。岛上有松林一片，立于磐石东望，与对岸的西班牙一水相连。岛的四岸，或在晨昏，或在月夜，冰心都曾静坐过，又恰逢当月农历十五，满潮的海波一直冲到了窗下，令人心悸。夜间的淡雾中，灯塔里的雾钟，断断续续地敲响，引起冰心无限的遐思，想到那个未竟的灯台守的愿望，连带出父亲与母亲的音容笑貌，此时水面清澈的雪鸥鸣声，便觉得比孤雁还哀切了，惊醒之后，总不能复眠。

◎在大西洋伍岛。

伍岛令冰心激动处是泛舟海上。几乎每日出海，小舟一般在近岸泛行，大船可就不一样了。8月13日，上岛的第七天，一船载了十六人，在海上举行聚餐。大船驶出海口，乘风扯起三叶大帆，冰心坐近阑旁，在水手们扯帆时的歌声中，忆起烟台海上与水兵取乐的情景来。正在凝神之时，同船的B博士却笑着招她到舟尾，说是让她把舵："试试看，你身上曾否带着航海家的血统？"这时，舱面的人都含笑看着冰心，似是鼓励。冰心不假思索地接过舵轮，平静地坐下，凝眸前望。此时，管轮和驾驶只她一人。冰心稳握轮齿，桅杆与水平纵横，只凭纤细文静的左右手转动、推移。此时的冰心还真有父亲的风度，心神倾注，果决果断，海风过耳，不闻不动，当船驶到叔本葛大河（Sheepcult River）入海口时，两岸逼近，波涛汹涌，在沉稳扶轮屏息之时，她还偶然侧首，只见阑旁女士言笑阵阵，恍知自己责任重大！现在两腕轻一移动，都关系着男女老幼十六人性命安全，且又是初次，真有些惶恐了！想起父亲将载着数百水兵的战舰平安驶进港湾，便觉得不算什么了。当船抵达岸边后，一船的人都笑着举手向她致敬，拥她为船主，称她为航海家的女儿。

8月17日，一年前乘约克逊总统号邮轮离开上海的日子，冰心游历美东、沉浸于山水之间一月有余，之后，乘了便佳城号，自泊斯（Bath）借大西洋一角，回到了波士顿。

十八　重返威校

重返威校，冰心没有住回闭璧楼，而是住进了娜安辟迦楼。不用说，这个学年学业是十分繁重的，但在露密斯教授的指导下，以她的聪慧与勤奋，很快就赶上来了。期间由于疲劳过度，曾又患过一次吐血，这回她没有让老师知道，坚持挺了过来。在这座新宿舍里，她开始几乎像孤岛般地封闭自己。虽说学分上威校还算通融，监护人K教授起到了重要的作用，甚至青山疗养院的费用，都是K教授想办法以

◎娜安辟迦楼室内的情景。

奖学金支付。如此的厚爱，冰心只能以发奋回报。虽说有吴文藻的帮助，阅读过不少的专业书，但那毕竟不是课业，所以，一个学期，冰心杜绝一切的交往与活动，全身心地投入在专业学习之中，用她自己的话说："如同带上衔勒的小马，负重的，目不旁视的走向前途。"直到来年三月开春，慰冰湖开始绽放嫩芽、绿叶与鲜花时，才从那个圈定自己的娜安辟迦楼中走出来。

与"大江会"的国家主义有关的活动，留学生们总是千方百计地表现中华民族灿烂的文化。为此，纽约的中国留学生余上沅、闻一多、赵太侔等组织上演了英语话剧《杨贵妃》，波士顿的中国留学生也不甘落后。剑桥中国学生会的主持人沈宗濂提出，为了宣扬中华民族灿烂的文化，同时也是招待外国的师友，应该上演一出英语的中国戏。这一提议得到大家一致的赞同，并且很快就确定下了改编的剧本为《琵琶记》。由顾一樵（顾毓琇）将原本四十二出的剧本改编成适合美国演出的剧本，再由梁实秋翻译成英文。

演员的阵容经过反复磋商，最后是如此排定的：

蔡中郎	梁实秋
赵五娘	谢文秋
丞相之女	谢冰心
牛丞相	顾一樵
丞相夫人	王国秀
邻人	徐宗涑

疯子　　　　　　　　沈宗濂

在美国演出中国古装戏，最难的是服装和布景，别说现成的戏装，连中国式的花布都买不到。纽约的留学生上演过《杨贵妃》，闻一多等设计、绘制了许多的服装，冰心开始管剧务，由她出面借来一部分，一部分则是依据闻一多的意见在波士顿制作，根据剧情，买来金纸和银纸，剪成图案，贴在素色的戏袍上，灯光一照，分不清真假，且都华丽无比。余上沅与赵太侔专程前来帮忙，“太侔一到，不声不响，揎袖攘臂，抓起一把短锯，就锯木头制造门窗。经过他们二位几天努力，灯光布景道具完全就绪。”

留学生们为慎重起见，还专门作了一次彩排，特别请了波士顿音乐学院专任导演的教授前来指导。据梁实秋回忆，“他很认真负责，遇到他认为不对的地方就大声喊停予以解说。对演员的部位尤其注意，改正我们很多缺点。演到蔡伯喈与赵五娘团圆的时候，这位导演先生大叫：‘走过去，和她亲吻，和她亲吻！’谢文秋站在那里微笑，我无论如何鼓不起这一点勇气，我告诉他我们中国自古以来没有这个规矩，他摇头不已。”

《琵琶记》正式演出是1925年3月28日晚。冰心本来没有担任角色，但临演出前，饰演丞相女儿的演员病倒，只有来救场。波士顿美术剧院里，观众大多是美国人，有大学教授，有文化界的人士，也有不少学生和侨胞前来捧场，黑压压的一片，千人的剧院座无虚席。演出前，由在波士顿音乐学院读书的王倩鸿女士致开幕词，中国学生会主席沈宗濂致欢迎词，奏乐后才正式开幕演出。虽为首次演出，且又多无舞台经验，但演出顺利，没有人忘台词，台下也没有人开溜，最后落幕，掌声雷动，几乎把屋震塌下来。对此，梁实秋作了如是解释："千万不要误会，不要以为演出精彩，赢得观众的欣赏，要知道外国人看中国人演戏，不管是谁来演，不管演的是什么，他们大都是出于好奇。剧本如何，剧情如何，演技如何，舞台艺术如何，都不是最重要的，最重要的是那红红绿绿的服装，几根朱红色的大圆柱，正冠捋须甩袖迈步等等奇怪的姿态……琵琶记有几个人懂得，包括我们自己在内？"① 《琵琶记》演出成功，达到了那一批中国留学生的愿望，宣传了中华民族文化，所有参加演出人员，包括当时的一些华侨都极为高兴。翌日，《基督教箴言报》报道此事，并且刊出了演出剧照。

自从在青山沙穰疗养院与吴文藻别后，他们虽互有通信、寄书，但各自紧张的学习，加上不近的路途，总是难得见面。冰心重返威校"闭关"的日子里，吴文藻也曾来探望，但也不是单独的，都有清华同学一起来，第一次见到潘光旦便是吴文藻带来的。吴文藻到波士顿，一般住在清华同学的宿舍，有时在梁实秋与顾一樵合住的奥斯汀园5号，有时住在鼓兰姆街浦薛凤处，"文藻则每次从其毕业处所前来访视婉莹，必下榻予寓。外间不知实情，误认予是有意。回忆清

①所引有关琵琶记演出文字，均出自《琵琶记的演出》，《梁实秋自传》，江苏文艺出版社2011年版。

华高班同学友好吴毓湘兄曾专函直陈谓：间接听到消息，确否固尚不知，但终身大事，对方之健康亦系重要条件。予乃遽实相告，并谓对伊真有意者，早已另有其人，亦是清华同学，予之好友。”[①]此时冰心对吴文藻的印象，已不再仅仅是憨厚、直言与特别，还有心细、关心和体贴，而且冰心感到，吴文藻虽出身小商之家，但没有那种斤斤计较之习气。作为女性，尤其是作为像冰心这样的大家闺秀，由于家庭环境影响，特别喜爱干净与整洁，这一点，冰心已悄悄从吴文藻身上看到了——他穿的衣服，谈不上高档，但总也都干净利索整洁，这使她高兴，她绝对不可能找那种所谓不拘小节的“艺术天才”，她接触过太多这种以才自傲、不拘小节的人了，她不喜欢这种人，为什么天才就要邋遢？就说天才可以这样放纵自己，就说艺术也许需要这样的天才，但她绝对不会选择这样的人作为终生伴侣！冰心的宿舍，总是收拾得干干净净，书该放在什么地方，衣服挂在何处，平常使用之物品摆于哪里，全都清清爽爽、有条不紊，从不凌乱，桌上相框里那张刚到美国时拍的照片，两旁署有两行自书的诗句：“到死未消兰气息，他生宜护玉精神”，表达了她为人的追求。冰心在心里多次想到吴文藻，并且将他与自己所认识的，甚至追求她的男士作比较，每回，心里的天平都倾向了他，这是远在达特默思的吴文藻不知晓的。演出《琵琶记》，可能为他们见上一面提供了机会，于是，冰心给吴文藻写了一封信，邀请他观看演出，为表诚意，还特地将入场券夹在

①浦薛凤：《浦薛凤回忆录》（上），黄山书社2009年版，第98页。

信中寄去。

吴文藻收到冰心的来信和入场券，心里自然是高兴。但那几日，他面对冰心的信与入场券却很犹豫，那时正处大学的最后一个学期，毕业论文尚在准备之中，这一去，又得花去好几天的时间，思来想去，最后还是以学业为重，只得写信给冰心，为不能去波士顿深感抱歉。冰心收到此信，曾自责是不是热情了一些。然而，就在《琵琶记》演出的那个晚上，吴文藻准时赶到波士顿美术剧院，坐在了冰心送给他入场券的座位上。这着实令冰心喜出望外。第二日，冰心回到她在美国的家，一帮清华的同学又追到了默特佛火药街六十五号，吴文藻最后一个走进，冰心便悄悄地对他说："你能来看演出，我真高兴。"两人相视而笑，吴文藻想到，如果自己失去这个机会，可要造成多大的遗憾?

梁实秋在科罗拉多大学完成大学课程后，于1924年秋天入哈佛大学研究院攻读硕士学位。他选修了白璧德的《十六世纪以后文艺批评》，深受影响，即开始由喜爱浪漫主义转向追求人文主义。梁实秋与顾一樵一起租住，经常结伴前往威尔斯利看望中国同学，冰心、谢文秋等几位女同学也就请他们在威尔斯利镇上一家中国饭馆用餐，饭后又一起到慰冰湖上泛舟论谈。所谈的话题，大多是选修的课程、国内的情况，等等。为了扩大知识面，同时也有个交流的机会，有人提议以"湖社"的名义将这种聚会固定下来，隔几个礼拜聚一次，每次由一个人主讲，其他人可以提问，通过介绍各自所修的专业，增加大家的知识；另一个议题则是根据亲朋的来信，介绍祖国的情况。

于是，“湖社”就这样办起来了，参加湖社聚会的有哈佛大学的陈岱孙、梁实秋、浦薛凤、沈宗濂、时昭瀛；有麻省理工大学的曾昭伦、顾一樵、徐宗涑等，有时从外地来波士顿的中国学生也可以临时参加，吴文藻、瞿世英、石超涵等都参加过“湖社”活动。威校的“二谢”——谢婉莹与谢文秋自然是主人，还有其他的女生和附近女校的中国留学生。这时的慰冰湖便属于中国留学生了，平静的湖面上划来三五小舟，行到僻静处，停泊下来，或登上岸去，坐在满地厚厚落叶的湖岸，于是，湖面、湖畔便有汉语的抑扬顿挫之声，所谈的有政治、经济、军事、教育、哲学、文学等。吴文藻介绍现代文明与社会学，冰心那一讲是李清照的生平和诗词创作，每至动情之处，只有湖水微拍船舷之声，而船上的人都随着李清照的故事回到那正受列强欺凌的故土……这一段时间，除了他们到慰冰湖上泛舟，冰心等人也在节假日前去剑桥，“做杏花楼的座上宾”。来往多了，梁实秋改变了对冰心冷冰冰拒人千里之外的印象，“我逐渐觉得她不是恃才傲物的人，不过对人有几分矜持，至于她的胸襟之高超，感觉之敏锐，性情之细腻，均非一般人所可企及。”[①]

①《忆冰心》，台湾《传记文学》，1969年第13卷第6期。

十九　绮色佳之恋

冰心第二学年的课程顺利完成，主课英国文学的成绩都在B以上，那时老师给学生打分极严，B就是好成绩了。英国文学307，3学分，两个学期都是B；英国文学309，3学分，两个学期都是B；英国文学101，3学分，但无成绩，因属毕业必修课，免考试。

1925年6月，吴文藻在达特默思学院社会学系毕业，顺利取得学士学位，为进一步深造，他选择了哥伦比亚大学（Columbia University）研究院社会学系，攻硕博连读学位。

1925年的学业对冰心、吴文藻都很重要，而他们的交往也和学业一道升温，开始进入恋爱阶段。暑期已至，威尔斯利校园姹紫嫣红，湖边的草莓与黑莓都已成熟，随手可采可食；沙樱在路的两旁生长；红碎的花5月便已落尽，一串串的樱桃正在泛红，沉甸甸地挂在了枝头；山坡上高大的橡树，举着巨大的手臂，保护着一些不知名的黄花、狗尾巴草、长生草；野蜜蜂便在花丛中忙个不停；湖岸的紫色鸢尾花，像是给慰冰湖围上了一圈中国丝绸般的围巾；白色的天鹅在早间散发着薄雾、平静如镜的水面悠闲游弋，时不时伸出长脖，潜入水里，抬头便是一串晶莹的水珠，滴满湖面；野鸭也来了，成群成群地飞来，且无规则无节制地在湖面划来游去，嘴里还要发出嘎嘎的叫声，惊扰一湖沉睡。白天鹅生气了，飞扑过去追逐，更是吓得野鸭拍水乱飞，打出一串长长的波浪。留校的女学生不睡懒觉了，早早就有人环湖晨跑，白色的运动衫在深绿的橡树林中飘闪，如同晚间湖岸纷飞的萤火虫。冰心放下一切，尽情地享受了几天校园的夏日风情，之后，便和她的美国同学乘一天一夜的火车，前往明尼苏达州的银湾（Silver Bay）风景区旅行了。

6月底，冰心一人独自北上，前往纽约州北部的绮色佳（Ithaca，一般译为依萨卡）。著名的康奈尔大学便坐落在绮色佳绝美的山水之间。按照美国大学的规定，硕士学位必须具备两门外语，冰心选择法语作为第二外语。康奈尔大学的语言中心每年都要接收大量语言补习的学生，冰心来此，既为补习，也为旅行，同时与吴文藻相会。也就是在“湖社”，他们有过相约，吴文藻也选择补习法语，现在，如期来到康奈尔大学的语言中心，在风景如画的BB湖瀑布旁相会了。

明月穿过杨柳，自涧上来。泉水一片片的，曲折的，泻下层石，在潺潺的流着。树枝在岩上，低垂的，繁响的摇动着。月光便在这两两把握不定的灵境中颤漾着！涧中深空得起了沉沉的回音。两旁的岩影黑得入了神秘。桥上已断绝行人。泉水的灵光中的细吟，和着我的清喟。轻风自身旁燕子般掠过，在怜惜讽笑这一身客寄的孩子。[1]

①《绮色佳Ithaca》，《冰心文选》（散文卷），第88页。

康奈尔的冰心、绮色佳的冰心，少有的激动与激情，开心之极，兴奋之极，幸福之极，她说：“这些都是画中的境呵，我做了画中人！”她说：“这些都是诗中境呵，我做了诗中人！”她还说：“这是悲剧之一幕呵，我做了剧中人。”一头扎进了那山、那水、那泉、那瀑之间，两颗思念之心、两颗牵挂之心、两颗猜度之心，在绮色佳的山水之间，升华成两颗相爱之心。

那些天的日日夜夜，他们在林中漫步，沿山路登攀，于曲径处盘桓，站在溪涧仰望峭壁悬崖。冰心在泉边，吴文藻说：我帮你拍照；冰心在瀑前，吴文藻说：留个影吧；冰心在湖中，手里有桨，舷有水声，吴文藻说：给你记下这水声；冰心去墓地，吴文藻也爱幽静，对着长眠九泉之下的异国同胞，冰心竟然唤起心底对人生与人性哲学的思考，吴文藻自然还有更深刻的表述，人自知活着也就那么几十年，但谁也不甘清净，不甘流散，不甘落伍，于是，就有了人生本质是悲剧的感叹，“这是悲剧之一幕呵，我做了剧中人”……吴文藻为冰心拍了许多照片，放到照相馆去冲洗，冰心却是紧盯着，要“单子”，说是自己取，照片要了，连底版也不放过。可吴文藻也是有心之人，自然有办法把冰心的照片留在身边。

终于有一天，不知不觉间，手和手拉到了一起，他们绕着BB湖，走呀，说呀，笑呀，几次还在石椅、石凳上坐下，这样转了一圈又一圈，吴文藻终于鼓起了勇气，终于开口了，却是找了一句文绉绉的话向冰心女士表达：我们可不可以最亲密地永远生活在一起？竟然用了一个提问句！水涧如雷的轰鸣，几乎将他的提问句冲到九霄云外了。吴文藻问过之后，望着月下湖水，湖边的冰心听着水的轰鸣、风的呼啸、心的狂跳，吴文藻加重了语气、态度与情感：希望能做你的终身伴侣！冰心还是没有回答。瀑布的轰鸣任它而去，湖中的倒影也看不出脸上的绯红，冰心说：夜凉了，该回了。可回到宿舍的冰心，长夜难眠，想了许多，可实际上是什么也不能想，她被幸福感紧紧地裹在了不灭的灯光里。

第二天，他们在校园中心区漫步，从科学大楼前第一任校长的雕像，走到对面创办者康奈尔先生面前，他们各怀心思地踩着地上的两行脚印，一红一黑，来来回回。吴文藻时不时抬头窥看冰心，发现她眼圈乌黑，可眼睛明亮。一夜未眠？冰心终于开口了，作为她自己没有意见，但她的事情，自己是不能完全做主的，必须在父母俯允之下，方能明确。不过，冰心望着出神的吴文藻，放松了一下，笑了笑说："我可是一个多病之人啊，说走就走，到时谁来与你终身相伴？"吴文藻立时又为这玩笑话认起真来，说："反正做你的终身伴侣，你走哪儿我跟哪儿！"说到后一句话时，竟也笑了起来。

热恋中的一对年轻人也去听课，每晚从教室出来，都要坐在石阶上闲谈，夜凉如水，头上不是明月便是繁星。于是，冰心第一次考试得了A，第二次得了B，第三次降到B……这就是爱情，在感情方面，女人的投入总是多于男人，哪怕是冰心这样的智者与才女。

难忘的绮色佳，最甜美的岁月，8月底，他们的暑期补习结束了，冰心接受了吴文藻为其精心准备的礼物：一支派克牌钢笔，一大盒印有"谢婉莹"三个字第一个字母"XWY"的特制信纸。冰心接过礼物，说：是不是让我多写信呀？吴文藻笑着用了台词，“正是，正是！”

离开绮色佳，冰心应邀前往参加“大江会”的活动。年会的地点确定在雪拉鸠斯（Syracuse），冰心与吴文藻一同前往，同行的还有王国秀等同学。他们一行先游览著名的尼亚加拉大瀑布（Niagara Falls），在三姊妹岩旁，观赏银涛卷地；乘雾姝号（The Maid of Mist）小船，直到瀑底。“仰望美利坚坎拿大两片大泉，坠云搓絮般的奔注！夕阳下水影深蓝，岩石碎迸，水珠打击着头面。泉雷声中，心神悸动！”于是想到绮色佳的瀑布，那六十天的“深邃温柔”，都被此“万丈冰泉，洗涤冲荡”。月下夜归，恍然若失！

罗隆基在年会作讲演，大力鼓吹国家主义。冰心、谢文秋、王国秀等女友，听着、说着、笑着，并不十分在意，更多的是外出游玩。在这里，一大帮中国留学生在异国他乡的土地上，也是“书生意气，挥斥方遒。指点江山，激扬文字”了一番，愉快地度过了十多个日日夜夜。

二十 《漱玉词》与《求婚书》

李清照是中国唐宋以来最伟大的女词人，她与丈夫赵明诚的故事脍炙人口，既有“人比黄花瘦”的婉约绝句，又有“生当为人杰，死亦为鬼雄”的豪放诗作。中国诗词的英译难度非常大，既有用典、象征、比兴，又有韵律、节拍与词牌的限制等，译不好便会韵味全无，甚至不知所云，而选择李清照，可以说是难上加难了。尤其在那时，英译李清照的参考文本，哪里去找？入学之初，冰心曾有一篇作文《孔子的哲学与中国的影响》，全班同学没有一个知道“孔子”是谁，老师让学生到图书馆查找参考书，可是威校的图书馆找不到几句有关孔子的英译，现在冰心选择李清照，图书馆哪里能找到参考书？

好在有“湖社”，有哈佛大学图书馆，有在哈佛念书的福建籍同乡陈岱孙。在哈佛燕京学社中文图书馆建立之前，哈佛大学的怀得纳（Widener）图书馆中文藏书最多。1925年秋季开学后，冰心便去那儿查找资料。往往是陈岱孙在图书馆前等候，冰心来后，他们一同进去。那时陈岱孙是研究生，哈佛对研究生格外优待，不仅可以借书，还可以持证自由进入书库，书库里设有专门为研究生写论文的小桌，可以根据自己的需要到书架上找书，用过后由馆内工作人员放回原处。陈岱孙有一个摆有书桌的小隔间，他就悄悄地把冰心带到这里，用自己的证件，拿着冰心需要的书目进入书库。冰心在那个小隔间里静静地等候，陈岱孙一本一本地抱出来，冰心便飞快地看，做笔记，来不及摘抄的便带回威校，下次归还。

虽说李清照的词在中国享有盛名，但在欧美几乎无人知晓，冰心苦苦找寻，最后也只找到三人翻译她的词，且不是英语，而是法语。在完全没有文本参考的情况下，进行李清照词的翻译，也就是说自己首次向英语世界的读者介绍一位中国古代的女词人，这是要有很大勇气的。冰心的英国文学导师罗拉·希伯·露蜜斯博士问她为何作此选题？冰心回答说，李清照是中国12世纪最有才华的女诗人，她是一位真正的天才，直到20世纪的中国，尚找不出一个人可与她媲美，但是，历代中国的文学史上很少提到女诗人，这不平等。这确实是个很重要的理由，但这里可能还有其他的原因。

冰心进入实际的翻译前，确立了一些原则，使她的翻译减少了一些困难，那就是放弃李清照词的韵或节拍。词可吟诵，吟诵有伴乐，翻译不可能保持中文吟诵时的伴乐，译作也不可能成为有伴乐的诗歌。因此，她认为，“在翻译中看来可以做到的，而且希望能够做到的是要逐字精确地翻译。要保持原诗中经常引喻的古代人名和风俗习惯的风韵，尽量保持词的情态……”最终呈现的是根据原词译为“长短不一的英文格律诗”。

“逐字精确地翻译”、“保持词的情态”、“英文格律诗”这三点，成为冰心翻译李清照词的三原则，这与她在尚未进入翻译实践时所主张的“顺”、“真”、“美”相似。冰心在李清照大量的诗词中，选择了《漱玉词》中的二十五首进行翻译①，每天有时间便一字一句地翻译、斟酌，对于前两项她自己觉得可以把握，但对后一项常常把握不准。冰心对英语的词汇、语感与发音，都达到了很高的水平，且英语诗研究是她的专业，但她毕竟没有以英语的思维方式写过英语诗，在这一点上，她的导师露蜜斯博士起到了重要的作用，给她得力的指导。用冰心的话说，“她以自己的想象力和诗的智慧帮助笔者把这些中国词译成了英语。”

冰心与露蜜斯博士合作得很好，很多时间在一起喝中国茶或咖啡，然后慢慢地品味李清照，然后在想象中将其转化成英语格律诗。当她们对一首词烂熟于心后，才开始在纸头上用钢笔写下来，然后再推敲再斟酌。冰心回到宿舍后，再细细地体味，直到满意，便用英文打字机敲打出来，送给露蜜斯博士批阅。

我们将《声声慢》原词与译诗作一对照，看看冰心具体是如何翻译的：

寻寻觅觅
冷冷清清
凄凄惨惨戚戚

①其中之《生查子》，为宋代女词人朱淑真所作。可能是王鹏运选编的《漱玉词》误收入。

乍暖还寒

时候最难将息

三杯两盏淡酒

怎敌他晚来风急

雁过也

正伤心却是

旧时相识

满地黄花堆积

憔悴损如今有谁堪摘

守着窗儿

独自怎生得黑

梧桐更兼细雨

到黄昏点点滴滴

这次第

只一个愁字了得[①]

The Slow Tune

Seeking, searching, lonely I go,

①根据冰心手稿排版。

Forlorn and sad, grieving with hurt;
The season grows warm, despite its chill,
Yet hard it is to find any rest.
How could two or three weak cups of wine
Fight now for me against sharp evening wind?
The geese fly by while I am in distress,
The very birds that once I knew.

Falling, the yellow flowers cover the ground;
They are all faded now
And who would want to gather them?
Alone by the window I keep my watch,
But day seems never to grow dark.
The fine rain drips on the sterculia leaves
And even with the evening never stops.
Alas, why should this one word "sad"
Grieve me so much?①

每一首词的翻译都是这样进行的，这比自己写作《繁星》《春水》艰难得多，但冰心做得很愉快。为了让英语世界的读者不仅从字

①冰心：《我自己走过的道路》，人民文学出版社2007年版，第263页。

面，并且从韵味上欣赏与理解李清照，冰心还以图表的方式，简明扼要地介绍中国诗词的常识，对所翻译的词的背景、意境、情态等做了较为详细的论述。这个论述极见功底，读者不仅可以对李清照的词有总体认知，而且可以当做每一首词中韵味、情态、生活与风情的索引。每一首词中针对英语读者的脚注，还可以帮助他们对词具体意象的了解与体味。

紧张的学习之余，冰心也想到一些与吴文藻交往的趣事，望着窗外的白雪，心里有好多的甜蜜。与吴文藻从相识到交往也有两年多了，她在读着李清照时，怎么感觉到自己也成了李清照，而吴文藻真有几分像是赵明诚，这就更觉得好笑了。室温实在太高，闷得脸颊绯红，于是想到雪地走走，呼吸一下新鲜的冰冷的空气，也让自己的思绪平静。她从衣架上取下裘皮大衣，将娇小身材紧紧地裹在里面，再加上围巾与帽子，穿上长筒的靴子。一切停当之后，才从宿舍出来，下得楼梯，在楼道上跺跺脚，开了门走出去。

先是沿着慰冰湖行走，湖面已是厚厚的冰层，岸边的树木远离了夏日风情，雪压枝头，默立湖岸，连摇曳的风姿也没有了。冬天的慰冰湖色彩单调，也就不曾写信告诉远东的小朋友。行走时，想起中国诗画中“踏雪寻梅”的意境，便向图书馆的方向走去。从教堂旁擦过，便是一片树林，树丛里是图书馆，与塔院之间，曾有一沟壑，冰心记得，沟壑两旁，一到春天，各色花树盛开，极是灿烂。现在寻来，沟壑也被积雪填满，前后犹如平地，不敢贸然走近，退回图书馆的台阶前。此时，华灯初上，明月初升，雪地上大树枝桠的阴影，形成了各种各样的图案，横竖撇捺，酷像中国文字，又似写满“相思”二字。冰心便又走进林中雪地，捡起一枝，信手涂鸦，写在雪地上：

躲开相思，

披上裘儿

　走出灯明人静的屋子。

小径里明月相窥，

枯枝——

　在雪地上

　　又纵横的写遍了相思。[①]

这就是《相思》诗最初的发表，冰心说，这是她在热恋中思念吴文藻的情景，但他不知道，冰心既没有寄给他，也没有告诉他，就留在雪地上，留在心底里。后来还是导师问她是否写过爱情诗，冰心才说了出来，记了下来。

1925年秋天，吴文藻进入哥伦比亚大学研究院，攻读社会学专业。紧张的学业中，1925年的圣诞节来临了。曼哈顿到处闪烁着圣诞灯光，日夜不停的车流给这个城市增添了喜庆的气氛。哥大校园中的吴文藻更是喜气洋洋，一大早便与王国秀在校门口会合，要去新泽西

①《相思》，《冰心全集》第2卷，第276页。

火车站迎接来此休年假的谢婉莹。王国秀从威校毕业后，到哥大历史系攻读硕士学位。他们从车站将冰心接到哥大，就住在王国秀的宿舍里。每天吴文藻便来陪同，他们一起到哈德逊河乘坐游船，前往自由女神岛，虽是冬天，阳光下还算温暖，海风吹来，并不觉得太冷，两人手拉手绕着基座慢行，然后又乘电梯登上女神的顶层，“天风海涛”，冰心脱口而出，似乎回到了童年的烟台，回到了那手举火炬甘当灯台守的幻想中。这一切吴文藻原来也知道，冰心觉得好生奇怪。这回吴文藻来了一个故作神秘状，心想：你那《往事》（二）中不是写得清楚了吗？实际上，自从他们交往后，冰心在国内发表的作品，吴文藻基本都读过，在哥大图书馆，可以看到上海出版的《小说月报》。

从哈德逊河公园上岸，他们去了华尔街，20年代的美国经济处于复苏时期，金融业开始繁荣，华尔街的热闹已现端倪。但这一切似乎与自己关系不大，他们未作停留，便从华尔街乘了公共汽车去时报广场。这天恰好是1925年的除夕，时报广场除旧迎新的活动已经开始，他们好不容易钻进人群之中，在倒计时中，等候着焰火盛开，钟声敲响，新年来临。

在百老汇，莎士比亚的《罗密欧与朱丽叶》正在上演，吴文藻征求冰心的意见，冰心含笑不答，恋爱中的吴文藻自然明白，便去买了票，进入剧场，发现座无虚席，找到位置，原来是最后一排，冰心却是高兴，说这样好，累了还可以靠在后面的柱旁站一会。英语的莎士比亚原汁原味，两位恋爱中的中国留学生像舞台的演员一样，自然地进入戏中情景。冰心作为英国文学的研究生，有些台词，也是可以背诵的，但在剧场看演出，情景完全不一样，真是感动！而能够与自己相爱的人共同欣赏这样一出西方的《梁山伯与祝英台》，更觉得幸福！冰心轻轻地靠在吴文藻身旁，吴文藻把冰心的手握在掌心，两颗年轻的心在经典的爱情故事里陶醉了。

出游归来，吴文藻总要将冰心送到王国秀的住处，发现也总是有朋友来访，还引起了王国秀的抗议，说：冰心是我的客人，可时间都被你们占去。被抗议者则反击，说：国秀言之差矣，冰心乃吴先生之客人，也是我们大家之客人，怎可独占“花魁”？于是，引来一阵欢笑。

冰心回到威校时已是来年，波士顿的天气依然寒冷，许多地方的积雪尚未融化，娜安辟迦楼还在冰雪的包围中。冰心静下心，除了到冰封的慰冰湖滑滑冰外，其他的时间都在论文写作与李清照的翻译上，希望能早点提交给导师，请她指教，如能早日确定论文答辩的时间更好。当慰冰湖水开始荡漾之时，冰心翻译的李清照词全部完成。在装订整齐后，冰心恭敬地递交给了导师露蜜斯博士。

人们很晚才读到这部《李易安女士词的翻译和编辑》。1980年，冰心的大女儿吴冰前往威尔斯利女子学院寻访，在图书馆找到了这部论文。

送别冰心后，吴文藻也投入了紧张的硕士学位论文的写作中，他本着“以学术研究为祖国服务”的主导思想，选译了研究孙中山的三民主义学说，论文的题目为：《孙逸仙的三民主义学说》。吴文藻自己说：“我写这个题目，一方面是因为思想上对孙中山三民主义的信仰和追随，另一方面是因为当时国内国民革命高涨，北伐战争胜利发展，故写了这篇为国宣传的论文。”在一定的意义上说，论文也受到“大江会”的影响。与此同时，吴文藻发表了他学术生涯中的第一篇论文《民族与国家》，从此可以看出他的治学方法与关注的问题：三民主义、民族、国家，都是忧国忧民的理论问题。

吴文藻的《民族与国家》，与冰心的《绮色佳Ithaca》发表在同一期的《留美学生季报》[①]上。一为事业，一为爱情，两朵生命之花，初次绽放在西方的土地上。吴文藻在完成论文答辩后，乘车前往波士顿，他要帮助冰心做回国前的各项准备，更重要的是，他记住绮色佳的承诺，也明白还有一道关坎——冰心父母的俯允。现在冰心先行回国，是她本人征询父母还是别的方式？吴文藻问冰心，冰心心里自明，对于婚事，只要自己愿意，父母也会同意，但冰心还是给未来的丈夫一个表现机会，写求婚书？

吴文藻果真认真对待起冰心的建议，刚刚完成了硕士学位论文，躲进剑桥青枫下的小楼里，又开始撰写起婚姻与人生的论文来。写好后，细细地修改、打磨，最后重抄一遍，在夏日午后的斜阳里，恭敬地递给了冰心，请她帮助修改。冰心看他认真的样子，一边看，一边在心里发笑，说，你是不是真在写论文？你把你的社会学、人类学都用到这里了？从冰心的语气里，吴文藻感受到了亲切，便笑而不答，最后，冰心提了一些建议，并且希望将他自己的身世与家庭情况写上。吴文藻一一

①《留美学生季报》第11卷第2号。

应诺，回到剑桥，斟酌修改，再用清秀的钢笔字誊清：

谢先生、太太：

请千万恕我用语体文来写这封求婚书，因为我深觉得语体文比文言文表情达意，特别见得真诚和明了。但是，这里所谓的真诚和明了，毕竟是有限的。因为人造的文字，往往容易将神秘的情操和理外的想象埋没掉。求婚乃求爱的终极。爱的本质是不可思议的，超于理性之外的。先贤说得好："道可道，非常道。名可名，非常名。"我们也可以说，爱是一种"常道"或是一种"常名"。换言之，爱是一种不可思议的"常道"，故不可道；爱又是超于理性之外的"常名"，故不可名。我现在要道不可道的常理，名不可名的常名，这其间的困难，不言自明。喜幸令爱与我相处有素，深知我的真心情，可以代达一切，追补我文字上的挂漏处。

令爱是一位新思想旧道德兼备的完人。她的恋爱和婚姻观，是藻所绝对表同情的。她以为恋爱犹之宗教，一般的神圣，一般的庄严，一般的是个人的。智识阶级的爱，是人格的爱。人格的爱，端赖于理智。爱——真挚的和专一的爱——是婚姻的唯一条件。为爱而婚，即为人格而婚。为人格而婚时，即是理智。这是何等的卓识！我常觉得一个人，要是思想很彻底，感情很浓密，意志很坚强，爱情很专一，不轻易地爱一个人，如果爱了一个人，即永久不改变，这种人的爱，可称为不朽的爱了。爱是人格不朽生命永延的源泉，亦即是自我扩充人格发展的原动力。不朽是宗教的精神。留芳遗爱，人格不朽，即是一种宗教。爱的宗教，何等圣洁！何等庄严！人世间除爱的宗教外，还有什么更崇高的宗教？

令爱除了有这样彻底的新思想外，还兼擅吾国固有的道德的特长。这种才德结合，是不世出的。这正是我起虔敬和崇拜的地方。她虽深信恋爱是个人的自由，却不肯贸然独断独行，而轻忽父母的意志。她这般深谋远虑，承欢父母，人格活跃，感化及我，藻虽德薄能鲜，求善之心，那能不油然而生？她这般饮水思源，孝顺父母，人格的美，尽于此矣，我怎能不心诚悦服，益发加倍的敬爱！

我对于令爱这种主张，除了感情上的叹服以外，还深信他有理论上的根据。我们留学生总算是智识阶级中的人，生在这个过渡时代的中国，要想图谋祖国社会的改良，首当以身作则，一举一动，合于礼仪。家庭是社会的根本，婚姻改良是家庭改良的先决问题。我现在正遇到这个切身的问题，希望自己能够依照着一个健全而美满的伦理标准，以解决我的终身大事。我自然更希望这个伦理标准，能够扩大它的应用范围。令爱主张自己选择，而以最后请求俯允为正式解决，我以为这是最健全而圆满的改良方针，亦即是谋新旧调和最妥善的办法。这就是我向二位长者写这封求婚信书的理由。

我自知德薄能鲜，原不该钟情令爱。可是爱美是人之常情。

我心眼的视线，早已被她的人格的美所吸引。我激发的心灵，早已向她的精神的美求寄托。我毕竟超脱了暗受天公驱使而不由自主的境地，壮着胆树立求爱的意志，闯进求爱的宫门。我由佩服而恋慕，由恋慕而挚爱，由挚爱而求婚，这其间却是满蕴的真诚。我觉得我们双方真挚的爱情，的确完全基于诚之一字上。我们的结合，是一种心理的结合。令爱的崇高而带诗意的宗教观，和我的伦理的唯心观，有共同的理想基础和共同的感情基础。我们所以于无形中受造物主的支配，而双方爱情日益浓密，了解日益进深。我想我这种心态是健全的，而且稳重的。我誓愿为她努力向上，牺牲一切，而后始敢将不才的我，贡献于二位长者之前，恳乞您们的垂纳！我深知道这是个最重大的祈求；在您们方面，金言一诺，又是个最重大的责任！但是当我作这个祈求时，我也未尝不自觉前途责任的重大。我的挚爱的心理中，早已蕴藏了感恩的心理。记得当我未钟情于令爱以前，我无时不感念着父母栽培之恩，而想何以实现忠于国孝于亲的道理。自我钟情于令爱之后，我无时不深思默想，思天赐之厚，想令爱之恩，因而勉励自己，力求人格的完成，督察自己，永保爱情的专一。前之显亲扬名，后之留芳遗爱，这自命的双重责任，固未尝一刻去诸怀。

我写到这里，忽而想起令爱常和我谈起的一件事。她告诉我二位长者间挚爱的密度，是五十余年如一日。这是何等的伟大！我深信人世间的富贵功名，都是痛苦的来源；只有家庭的和睦，是真正的快乐。像您们那样的安居乐业，才是领略了人生的滋味，了解人生真义。家庭是社会的雏形，也是一切高尚思想的发育地，和纯洁情感的养成所。社会上一般人，大都以利害为结合，少有拣选的同情心。我们倘使建设一个美满愉快的家庭，决不是单求一己的快乐而已，还要扩大我们的同情圈，做到“亲亲而仁民，仁民而爱物”的真义。我固知道在这万恶的社会里，欲立时实现我们的理想，决不是一件容易事。可是我并不以感到和恶环境奋斗的困难，而觉得心灰意懒。我深信社会上只有一二位仁人君子的热心毅力，世道人心，即有转移的机会和向上的可能。我质直无饰地希望令爱能够和我协力同心，在今后五十年中国时局的紧要关键上，极尽我们的绵薄。“舜何人也，予何人也，有为者亦若是！”总之，恋爱的最终目的，决不在追寻刹那间的快乐，而在善用这支生力军，谋自我的扩充，求人格的完成。婚姻的最终目的，亦决不在贪图一辈子的幸福，而在抬高生活的水平线，作立德立功立言等等垂世不朽的事业。天赋我以美满愉快的生活，我若不发奋图报，将何以对天下人？又将何以对自我？

我仿佛在上面说了许多不着边际的话，但是我的心中是恳挚的，我的脑经是清明的。我现在要说几句脚踏实地的痛心话了。我不爱令爱于她大病之前，而爱她于大病之后，未曾与她共患难，这是我认为生平抱恨的一件事！我这时正在恳请二位长者将令爱付托于我，我在这一点子上，对于二位长者，竟丝毫没有交代。我深知二位长者对于令爱一切放心，只有时时挂念着她的身体。我自从爱她以来，完全作如是观。我总期尽人事以回天力，在她身体一方面，倘使您们赐我机会，当尽我之所能以图报于万一。

我自己心里想说的话，差不多已说完了。我现在要述我的家庭状况，以资参考。藻父母在堂，一姐已出阁，一妹在学。门第清寒，而小康之家，尚有天伦之乐。令爱和我的友谊经过情形，曾已详禀家中。家严慈对于令爱，深表爱敬，而对于藻求婚的心愿，亦完全赞许。此事之成，只待二位长者金言一诺。万一长者不肯贸然以令爱付诸陌生之人，而愿多留观察的时日，以定行止，我也自然要静待后命。不过如能早予最后的解决，于藻之前途预备上，当有莫大的激励，而学业上有事半功倍的成效。总之，我这时聚精会神的程度，是生来所未有的。我的情思里，充满了无限的恐惶。我一生的成功或失败，快乐或痛苦，都系于长者之一言。假如长者以为藻之才德，不足以仰匹令爱，我也只可听命运的支配，而供养她于自己的心宫；且竭毕生之力于学问，以永志我此生曾受之灵感。其余者不足为长者道矣。临颖惶切，不知所云。

敬肃，并祝万福！

吴文藻上

一九二六，七，一。美国剑桥。[1]

---

①转引自王炳根《世纪情缘——冰心与吴文藻》，安徽人民出版社2000年版，第70~74页。

这是一封以论文的形式写就的求婚书。其中论及爱情的专一，爱情的价值，爱情的目的，爱情与道德，爱情与宗教，爱情与人格，爱情与事业，爱情与家庭改良、社会改良之关系等等，重点在于论述寻求一位承担完成社会改良之重任的志同道合者，以作“立德立功立言等等垂世不朽的事业”。这种求婚的方式，这封求婚书的内容，真切地体现了吴文藻认真、憨厚、一丝不苟的性格及以改造社会为己任的责任感，体现了吴文藻留学时的精神追求，与他的硕士学位论文、处女作论文三足鼎立，观点互补，观念一致。“求婚书”当属私密文件，到了20世纪80年代后，才开始在一定的范围内流行，之后在青年中、在社会上流行。随着时代的变迁，读者从中读到的东西越来越多，爱人们读到了纯真，道德学家读到了良知，社会学家读到了改良，人类学家读到了家庭的价值与意义……而那句“令爱是一位新思想旧道德兼备的完人”，几尽冰心一生。网络上，有人将吴文藻的《求婚书》与林觉民的《与妻书》并列，称他们同为20世纪两大“情圣”。他们写作的背景完全不同，一个在盛开自由之花的国度，一个走在赴死的黄泉路上。一个求生，一个求死，一个奔向幸福，一个视死如归，但都条分缕析、含情脉脉。

十天之后，冰心带着吴文藻的求婚书，带着她的硕士学位，也带着某些隐约的留恋，告别了美丽的威尔斯利，告别了慰冰湖，告别了亲爱的同学，告别了美国的“家”和鲍老牧师夫妇，还有周姨。晚风吹拂中，依然在西海岸的西雅图上船，还是约克逊总统号邮船，海天、海浪、绮丽的海洋之景，物依旧，景依然，人却两非，熟悉的只有吴文藻的同窗好友潘光旦。又一个十五日的航程，虽有家有国在彼岸召唤，但水天茫茫，也无《海啸》，甚至爬至桅杆表现的激情也没有了。好在潘光旦是位饱学之士，于是，约克逊总统号邮轮头等舱的甲板上、晚霞里、清风中，常常见到一位手持双拐的学者、一位蛾眉秀发的女士，谈笑风生。

7月26日夜，约克逊总统号邮轮驶入近中国海，波涛如吼，水影深黑，明月在水上铺成一条闪烁碎光的道路。看着船旁哗然飞溅的浪花，冰心真切地感受到故国的气息了。“母亲！我美游之梦，已在欠伸将觉之中。祖国的海波，一声声的洗淡了我心中个个的梦中人影。”第二天早晨，天未明时，冰心即起，望见江上片片祖国的帆影，完全不能入睡，“俯在圆窗上看满月西落，紫光欲退，而东方天际的明霞，又已报我以天光的消息！母亲，为了你，万里归来的女儿，都觉得这些国外也常常看见的残月朝晖，这时却都予我以极浓热的慕恋的情意”。与三年前远游时的愁绪，形成了鲜明的反差。扑进母亲怀抱的喜悦，已是溢于言表：

> 念七日的黄昏，三年前携我远游的约克逊号，徐徐的驶进吴淞口岸的时候，我抱柱而立。迎着江上吹面不寒的和风，我心中只掩映着母亲的慈颜。三年之别，我并不曾改，我仍是三年前母亲的娇儿，仍是念余年前母亲怀抱中的娇儿！[①]

①《寄小读者》（通讯二十八），《冰心文选》（儿童文学卷），第231页。

冰心带着喜悦的心情回到上海。离去时的愁肠百结被归时的快乐喜悦所替代。与离去时一样，住在表兄刘放园的家里，接风的酒宴自然热闹，谢家、杨家的亲属来了一大帮，“哥哥姊姊们又喜欢灌我酒。前晚喝的是‘大宛香’，还容易下咽，今夜是‘白玫瑰露’，真把我吃醉了。匆匆的走上楼来和衣而卧。酒醒已是中夜，明月正当着我的窗户。朦胧中记得是离家已近，才免去那‘杨柳岸晓风残月’的悲哀。”放园表兄还告诉她，集龚的楹联——“世事沧桑心事定，胸中海岳梦中飞”，已让梁启超先生书就。刘放园此时已离开文坛改在商界任职，但与一代文人依然往来，从五四登上文坛之初，放园表兄所做的一切，都令冰心受益终生，包括这次梁任公书写的楹联。

正当冰心将美国留学生活欲入烟云之列时，却又收到二弟为杰从北京寄来的《寄小读者》，只匆匆地翻过，止水般的热情，重又荡漾起来！五月间，冰心还在美国时已经得到消息，《晨报》连载三年的游美通讯，不断在青年读者中投下涟漪，每一篇都留下了美好而深刻的印象，北新书局抓住机会，瞄准市场，趁着冰心归国之际，推出留美作品集《寄小读者》，内收通讯二十七篇、山中杂记十则。现在，散发着墨香的新书已在手上，封面

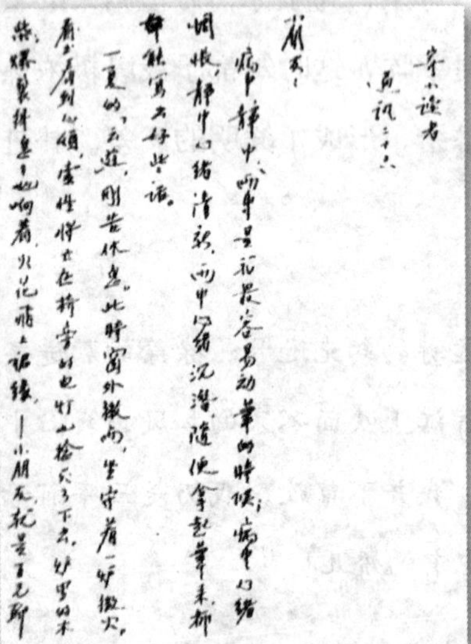
寄小读者
通讯二十六
朋友：
病中，静中，雨中是我最容易动笔的时候；病中心绪惆怅，静中心绪清新，雨中心绪沉潜，随便拿起笔来，都能写出好些话。

◎“寄小读者”的手迹。

上丰子恺的设计，太符合自己的心愿了：一位光光头的小朋友席地而坐，专心致志地读着一本打开的书，书的封面是冰心的手书——“寄小读者”。

为了使《寄小读者》完整地记录留学美国的全过程，冰心在上海与北京分别又写了一篇，这样，通讯增加至二十九篇。首次印刷后十个月的时间，已是第四版了。两篇后写的通讯收入第四版，冰心为这个版本写了自序：“假如文学的创作，是由于不可遏抑的灵感，则我的作品之中，只有这一本是最自由，最不思索的了。”一般而言，冰心的作品，无论小说、散文还是诗歌，都是自由的不假思索的写作。因而，她在这里加了两个“最”——“最自由，最不思索”，舟车途中、湖畔泉边、信手拈来、皆成文章，自由而不思考的文字，自然是文学中的最佳状态。写作的最佳状态、发表与出版的自由状态，形成

◎冰心文学馆内的“冰心生平与创作展览”。

了这部作品的基本特征。四版之后，《寄小读者》便以精湛的内容、精美的形式，亭亭玉立于中国新文学之林，排列在儿童文学的前头。

从此，《寄小读者》成了现代文学尤其是现代散文的代表之作，成了五四之后中国现代散文发展的源头，自然也成了冰心最具代表性、最具经典意义的作品，甚至成了冰心的代名词。自它面世以来，日益产生着影响——情感的与书写的、文本的与外延的。如果说五四时期的创作，使一位在校的女大学生成为中国新文学骁将，那么，《寄小读者》的发表与出版，使冰心成为了鼎鼎大名的女作家了。

2012年3月11日改定于根舍

后　　记

早春的时候，与陈漱渝先生通电话，调侃、神聊，放下电话还会乐上半天，这种“致乐”的电话，在与一些文朋师友联系时是常有的事情。但这回，陈先生还给我下达一个任务，得为他在河北人民出版社供职的学生，完成一本关于冰心青少年时代的书。他说这是一套“大师的青少年时代丛书”，男性出版了好几本，鲁迅呀、老舍呀、巴金呀，女性尚缺，若论女性，冰心当为首选，于是，他自告奋勇，越俎代庖。

这个任务也真及时。事有凑巧，我正在写作《玫瑰的盛开与凋谢——冰心、吴文藻》，这是被我视为与建造冰心文学馆一般的“大工程”。从宽泛的意义上说，我已为这本书准备了20年，开笔写作也有两年了，但写作进展不及三分之一。余非慢手，因为“太慎重”也“太隆重”了些，进程就不可能太快。窃想，既追求诗性，也追求文献性，希望它是一部上个世纪一代知识精英真实的心灵史，这些追求，都给写作出了难题，我甚至做好了出版不了全本的心理准备，但我得坚持，不会放弃。

冰心早慧，成名太早，以至于与之同时代的人也尊称她为“前辈”、“大姐”，这大概因为是她在五四新文化运动中就已成名。冰心在学生时代，已经完成了经典之作——影响了一代又一代读者的《繁星》《春水》与《寄小读者》。我从《玫瑰的盛开与凋谢——冰心、吴文藻》的文稿中，剪辑了符合这套丛书出版要求的文字，展示她有趣的童年，展示一个女大学生、留学生的风采，呈献给21世纪亲爱的小读者——“似曾相识的小朋友”。

王炳根于根叶绿营

2012年3月惊蛰